图文中华史学

吕氏春秋

[战国] 吕不韦 编著

施袁喜 译注

人民东方出版传媒
People's Oriental Publishing & Media
东方出版社
The Oriental Press

图书在版编目（CIP）数据

吕氏春秋 /（战国）吕不韦编著；施袁喜译注. --
北京：东方出版社，2025.7. -- ISBN 978-7-5207-3265-9

Ⅰ . B229.2

中国国家版本馆 CIP 数据核字第 2025Z5L954 号

吕氏春秋
LÜSHI CHUNQIU

作　　者：	[战国] 吕不韦
译　　注：	施袁喜
责任编辑：	金　琪
出　　版：	东方出版社
发　　行：	人民东方出版传媒有限公司
地　　址：	北京市东城区朝阳门内大街 166 号
邮　　编：	100010
印　　刷：	鸿鹄（唐山）印务有限公司
版　　次：	2025 年 7 月第 1 版
印　　次：	2025 年 8 月第 2 次印刷
开　　本：	650 毫米 ×920 毫米　1/16
印　　张：	18
字　　数：	303 千字
书　　号：	ISBN 978-7-5207-3265-9
定　　价：	59.80 元
发行电话：	（010）85924663　85924644　85924641

版权所有，违者必究

如有印装质量问题，我社负责调换，请拨打电话：（010）85924602　85924603

总序

「图文中国文化」系列丛书

中国文化是一个大故事,是中国历史上的大故事,是人类文化史上的大故事。

谁要是从宏观上讲这个大故事,他会讲解中国文化的源远流长,讲解它的古老性和长度;他会讲解中国文化的不断再生性和高度创造性,讲解它的高度、深度和长度;他更会讲解中国文化的多元性和包容性,讲解它的宽度和丰富性。

讲解中国文化大故事的方式多种多样,有中国文化通史,也有分门别类的中国文化史。这一类书很多,想必大家都看到过。

现在呈现给读者的这一大套书,叫作"图文中国文化"系列丛书。这套书的最大特点,是图文并茂:既用优美的文字精心讲解中国文化,又用精美的图画直观展现中国文化。两者相得益彰,相映生辉。静心阅览这套书,既是读书,又是欣赏艺术——欣赏来自海内外二百余家图书馆、博物馆和艺术馆的图像和图画。

"图文中国文化"系列丛书广泛涵盖了历史上中国文化的各个方面，共有十六个系列：图文古人生活、图文中华美学、图文古人游记、图文中华史学、图文中华名人、图文诸子百家、图文中华哲学、图文传统智慧、图文国学启蒙、图文古代兵书、图文中华医道、图文中华养生、图文古典小说、图文古典诗赋、图文笔记小品、图文评书传奇，全景式地展示中国文化之意境，中国文化之真境，中国文化之善境，中国文化之美境。

这既是一套讲中国文化的大书，又是一套人人可以轻松阅读的经典。

期待爱好中国文化的读者，能从这套"图文中国文化"系列丛书中获得丰富的知识、深层的智慧和审美的愉悦。

王中江

2023 年 7 月 10 日

前言

吕不韦（？—前235），姜姓，吕氏，名不韦，卫国濮阳（今河南省安阳市滑县）人，姜子牙的二十三世孙。秦昭襄王庶出的孙子异人被派到赵国当人质，因秦赵为世仇，异人在赵国不被礼遇，生活很是困窘。吕不韦到赵国首都邯郸经商，见到异人后大喜，说："异人就像一件奇货，可以囤积居奇，以待高价售出。"吕不韦帮助秦异人归国并成为秦庄襄王，也因而被拜为丞相，封文信侯，食邑河南洛阳十万户。异人（子楚）还在赵国时，吕不韦将自己的姬妾赵姬送给子楚，并生下了嬴政。嬴政即位后，吕不韦被拜为相邦，被尊为"仲父"，权倾天下。吕不韦很有远见，他看到秦国统一六国已成大势，便开始聘请当时有名的学子到咸阳编著《吕氏春秋》，以备秦国治理天下使用。书著好不久，吕不韦受到嫪毐集团叛乱牵连，被罢相，全家被流放到蜀郡，途中吕不韦饮鸩酒自尽。

《吕氏春秋》体例十分完备，吕不韦对其非常满意，曾将其"布咸阳市门，悬千金其上，延诸侯游士宾客有能增损一字者予千金"。全书分为纪、览、论三个部分，"纪"按月令分为十二纪，每纪五篇文章，共六十篇；"览"分为八览，每览八篇，共六十四篇（《有始览》少一篇，现有六十三篇）；"论"分为六论，每论六篇，共三十六篇。全书加上序言共一百六十篇。作为治国纲领，《吕氏春秋》主张效法天地，顺应自然而为，提出以君虚臣实为思想基础、以民本德治为核心的治国方略。除此之外，《吕氏春秋》还涵盖了很多有关养生的知识，至今仍可以借鉴。

此次出版，择其精华，编选"纪"二十九篇，"览"五篇，"论"六篇，共四十篇，并译注。另外，还配有三百余张图片，以丰富其内容。力求在保证古籍面貌的前提下有所创新，以符合当下的阅读需求。

仲夏纪 100
仲夏 100
大乐 111
适音 128
古乐 132

季夏纪 142
季夏 142
音律 150
音初 153

孟秋纪 162
孟秋 162
荡兵（一作用兵） 170

仲秋纪 174
仲秋 174

季秋纪 182
季秋 182
审己 189

论

先识览 242
正名 242
离俗览 246
高义 246

开春论 254
审为 254
慎行论 258
爱类 262
不苟论 262
察传 265
博志 265
似顺论 270
似顺 270
士容论 274
士容 274

目 录

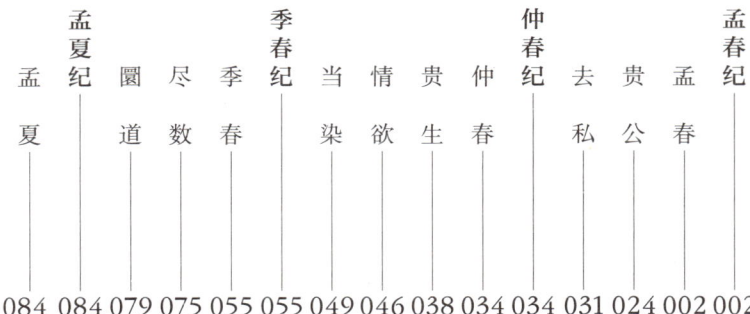

纪

孟春纪
　孟春 002
　贵公 024
　去私 031

仲春纪
　仲春 034
　贵生 038
　情欲 046
　当染 049

季春纪
　季春 055
　尽数 075
　圜道 079

孟夏纪
　孟夏 084

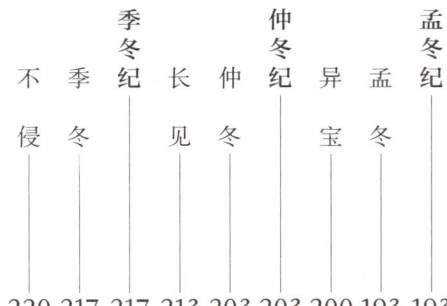

览

孟冬纪
　孟冬 193
　异宝 200

仲冬纪
　仲冬 203
　长见 213

季冬纪
　季冬 217
　不侵 220

有始览
　有始 226
　去尤 232

孝行览
　必己 236

纪

孟春纪

孟　春

一曰：

孟春①之月，日在营室②，昏参③中，旦尾④中。其日甲乙⑤，其帝太皞⑥，其神句芒⑦，其虫鳞⑧，其音角⑨，律⑩中太蔟。其数八⑪，其味酸⑫，其臭膻⑬，其祀户⑭，祭先脾⑮。东风解冻，蛰虫始振⑯，鱼上冰⑰，獭祭鱼⑱，候雁北。天子居青阳左个⑲，乘鸾辂⑳，驾苍龙㉑，载㉒青旂，衣青衣，服青玉，食麦与羊，其器疏以达。

是月也，以立春。先立春三日，太史谒㉓之天子曰："某日立春，盛德在木㉔。"天子乃斋。立春之日，天子亲率三公、九卿㉕、诸侯、大夫，以迎春于东郊；还，乃赏公卿、诸侯、大夫于朝。命相布德和令，行庆施惠，下及兆民㉖。庆赐遂行㉗，无有不当。乃命太史，守典奉法㉘，司天日月星辰之行，宿离不贷㉙，无失经纪㉚。以初㉛为常。

是月也，天子乃以元日㉜祈谷于上帝。乃择元辰㉝，天子亲载耒耜㉞，措之参于保介之御间㉟，率三公、九卿、诸侯、大夫，躬耕帝籍田㊱。天子三推㊲，三公五推，卿、诸侯、大夫九推。反，执爵于太寝㊳，三公、九卿、诸侯、大夫皆御㊴，命曰"劳酒"。

是月也，天气下降，地气上腾，天地和同，草木繁动。王布农事，命田㊵舍东郊，皆修㊶封疆，审端㊷径术。善相丘陵阪险原隰㊸，土地所宜，五谷所殖，以教道㊹民，必躬亲之。田事既饬㊺，先定准直，农乃不惑。

是月也，命乐正㊻入学习舞。乃修祭典，命祀山林川泽，牺牲无用牝㊼，禁止伐木；无覆巢，无杀孩虫、胎夭㊽、飞鸟㊾，无麛㊿无卵；无聚大众，无置城郭，掩骼霾髊㉛。

是月也，不可以称兵，称兵必有天殃。兵戎不起，不可以从我始。无变天之道，无绝地之理，无乱人之纪。

孟春行夏令，则风雨不时，草木早槁，国乃有恐；行秋令，则民大疫，疾风暴雨数至，藜莠蓬蒿并兴；行冬令，则水潦为败，霜雪大挚，首种不入。

【注释】

① 孟春：春天的第一个月，即正月。孟，开始。
② 日在营室：太阳运行到营室宿。营室，二十八宿之一，简称营。
③ 昏参（shēn）：日落位置在参宿，出现中星。参，二十八宿之一。
④ 旦：日出。尾：二十八宿之一。
⑤ 甲乙：按五行和天干地支，春天属木，甲乙也属木，所以称"其日甲乙"。下文"其帝太皞""其神句芒""其虫鳞"等表述也与此相似。
⑥ 太皞（hào）：伏羲氏，在五行说中，他以木德称王天下，被尊为东方之帝。
⑦ 句（gōu）芒：少皞氏之子，名重，被尊为木德之神。
⑧ 虫：古时对动物的总称。鳞：五虫之一。
⑨ 角：五音之一。
⑩ 律：即律管，定音的竹管。
⑪ 八：木的成数。
⑫ 酸：五味之一。
⑬ 臭（xiù）：气味。膻：五臭之一。

⑭ 祀：祭祀。户：户祀，五祀之一。
⑮ 脾：五脏之一。
⑯ 始振：开始活动。
⑰ 鱼上冰：孟春时，天气转暖，鱼向上游到冰层下，看着像"鱼上冰"。
⑱ 獭（tǎ）祭鱼：水獭将捕获的鱼摆放在水边，古人称为"獭祭鱼"。祭，杀。
⑲ 天子居青阳左个：古代帝王日常起居和行政办公的房屋按五行说构筑，东向为青阳，南向为明堂，西向为总章，北向为玄堂，中央为太庙。除太庙只配有一个太室之外，其余的在正堂两侧各配有一个侧室，称为"个"，左侧室为左个，右侧室为右个。天子按照月令，每月换一个居室。
⑳ 鸾辂（lù）：装饰鸾铃的车。
㉑ 龙：大马。古人称高八尺以上的马为龙。
㉒ 载：（将旗帜）插到车上。
㉓ 太史：官名，负责记载史事、观测天文、制定历法等。谒：告。
㉔ 盛德在木：古人认为春属木，有生育万物之德。盛德，大德。
㉕ 三公：指太师、太傅、太保。九卿：指少师、少傅、少保、冢宰、司徒、宗伯、司马、司寇、司空。
㉖ 兆民：天子所治之民，这里指天下之民。
㉗ 庆赐：褒奖赏赐。遂：通达。
㉘ 典：指六典，即治典、教典、礼典、政典、刑典、事典。法：指八法，即官属、官职、官联、官常、官成、官法、官刑、官计。
㉙ 宿：指太阳运行到的位置。离：指月亮运行到的位置。忒：差错。
㉚ 经纪：纲常、法度。
㉛ 初：冬至点，为古代历法计算的起点。古人认为冬至点在牵牛初度。
㉜ 元日：吉日。
㉝ 元辰：吉辰。
㉞ 耒耜（sì）：农具，犁。
㉟ 措：放置。保介：车右，站在车上右侧保护君主的武士。

㊱ 躬：亲自。帝籍田：天子的农田。

㊲ 推：指推耒耜入土。

㊳ 太寝：祖庙。

㊴ 御：侍，指陪天子饮酒。

㊵ 田：田畯（jùn），古代主管农事的官。

㊶ 修：整治。

㊷ 审：详细。端：端正。

㊸ 相（xiàng）：考察。阪：大坡。原：广阔平坦的地方。隰（xí）：低洼潮湿的地方。

㊹ 道：同“导”，引导。

㊺ 饬（chì）：通“敕”，申明，告诫。

㊻ 乐正：乐官之长。

㊼ 牝（pìn）：指母牲。

㊽ 胎夭：还在腹中的小兽。

㊾ 飞鸟：正在学习飞翔的小鸟。

㊿ 麛（mí）：小鹿，泛指幼兽。

(51) 髊（cī）：还带有腐肉的骨。

【译文】

第一：

孟春正月，太阳运行到营室宿。日落时，参宿出现在南方中天；日出时，尾宿出现在南方中天。孟春在天干中属甲乙，主宰之帝为太皞，佐帝之神为句芒，对应的动物为鳞族，对应的声音为角音，音律与太蔟相应。它对应的数字是八，对应的味道是酸味，对应的气味是膻气，对应的祭祀是户祭，对应的祭品以脾脏为尊。孟春时，东风化冻，蛰虫开始苏醒，鱼从深水向上游到冰层下，水獭开始捕鱼，大雁北飞。孟春时，天子要居住在东向明堂的左侧室，乘坐饰有鸾铃的车，用青色的马驾车，插青色龙纹旗帜，穿青色衣服，佩青色饰玉，食用麦子和羊肉，使用纹理空疏而通达的器物。

这个月有立春的节气。在立春前三天，太史要向天子禀告："某日立春，大德在于木。"于是天子斋戒，准备迎春。立春当日，天子要亲率三公、九卿、诸侯、大夫到东郊迎春。迎春礼毕归来，天子要在朝堂中赏赐公卿、诸侯、大夫，并命令国相向民众宣布德政，发布禁令，实行褒奖，赈济不足，惠及所有百姓。对于褒奖赏赐，要通达施行，不能有不当之处。随后，天子命令太史遵奉六典八法，精确推算日月星辰的运行轨迹，不能有丝毫差错，并严格以冬至点在牵牛初度为准则来制定历法。

这个月，天子要择吉日就农事向上天祈祷；之后，天子还要率领三公、九卿、诸侯、大夫，择吉辰载着农具到帝籍田亲自耕作。注意，用车装载耒耜时要放在参乘——车右与御者之间。推耒耜入土时，天子推三下，三公推五下，卿、诸侯、大夫推九下。礼毕返回，天子要在祖庙举行宴饮，慰劳群臣，三公、九卿、诸侯、大夫都要侍酒，是为"劳酒"。

这个月，天气下沉，地气上升，混为和气，草木萌发。天子要宣布农政，命令农官住在东郊，监督农民整治田界，检查并端正田间的小路；还要考察丘陵、山地、平原、洼地等各种地形，教化和引导农民，告知农民什么土地适宜种什么谷物，什么谷物用什么方法种植，而且要亲自去做。安排完农事后，要先确定农产品的价格标准，这样农民才没有疑惑。

这个月，天子要命令乐官到太学教国子练习舞蹈，同时修订祭祀典则，在祭祀山林河流时禁用母牲做祭品，还要禁止砍伐树木；禁止毁坏鸟巢，禁止捕杀幼小的禽兽，禁止掏取鸟卵，不得召集民众修建城郭，要掩埋枯骨尸骸。

这个月，不可以举兵征伐，举兵必遭天灾。特别是没有战争的时候，不能由我方发起战争。天子发布政令，不能违背天道，不能无视地理，不能扰乱纲纪。

如果在孟春正月施行了应在夏天施行的政令，那么就不能风调雨顺，草木就会过早干枯，百姓就会感到惶恐；如果施行了应在秋天施行的政令，那么百姓就会遭受瘟疫，狂风暴雨就会经常降临，野草就会蓬生；如果施行了应在冬天施行的政令，那么就会有水灾和雪灾伤害庄稼，麦子就不能丰收。

《五星二十八宿神形图》卷（局部）
原作传为唐代梁令瓒绘，此为清代丁观鹏依清院本仿张僧繇《五星二十八宿神形图卷》绘制
收藏于台北故宫博物院

"五星"指岁星、太白星、镇星、荧惑星、辰星；"二十八宿"指由运行在黄、天赤道附近天域的二十八个星宿，古人将其划分为东、北、西、南四宫，每宫各七宿。其中，东方青龙七宿：角、亢、氐、房、心、尾、箕；北方玄武七宿：斗、牛、女、虚、危、室、壁；西方白虎七宿：奎、娄、胃、昴、毕、觜、参；南方朱雀七宿：井、鬼、柳、星、张、翼、轸。古人通过想象，将这些星宿的形象神格化、拟人化或兽化，并描绘出来。

岁星

岁星即木星。木星的轨道与地球的黄道相近，约每十二年运行一周天。因此，古人将一周天分为十二分，称十二次。木星每年行经一次，即为地球一年，故称岁星。

太白星

太白星即金星。金星早上出现在东方时被称为启明、晓星、明星,傍晚出现在西方时被称为长庚、黄昏星。因其明亮,古人关于其有很多想象。在道教中,太白金星是地位仅次于三清(玉清元始天尊,上清灵宝天尊,太清道德天尊)的神仙,其形象最初为穿黄裙子、戴鸡冠、演奏琵琶的女神,明朝后演化为童颜鹤发的神仙,负责监察人间善恶,被称为西方巡使。在《西游记》中,太白金星多次出现,为孙悟空解难。另外,据说李白就是他的母亲梦见太白金星坠入怀中而生,故名。

镇星

镇星即土星。土星约每二十八年运行一周天,古人将其看作每年坐镇一宿,故名。

荧惑星

荧惑星即火星。火星呈红色,像火焰一样。但因其亮度时有变化,且运行不规律,有时向东,有时向西,令人迷惑,所以古人称其为「荧惑」,有「荧荧火光,离离乱惑」之意。

辰星

辰星即水星。司马迁通过观测发现辰星呈灰色,便以五行说将其命名为水星。因水对应西方,故《史记·天官书》称:「刑失者,罚出辰星。」

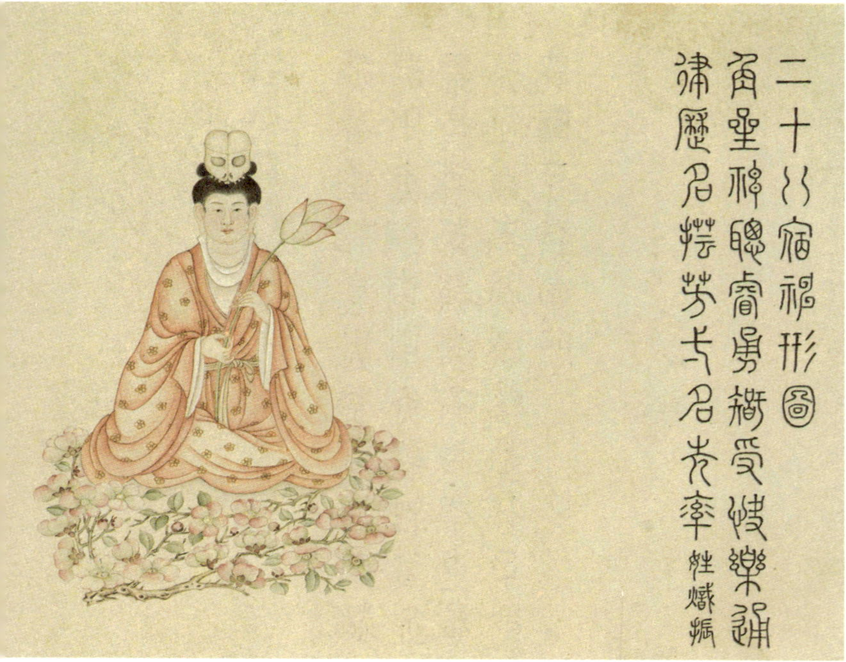

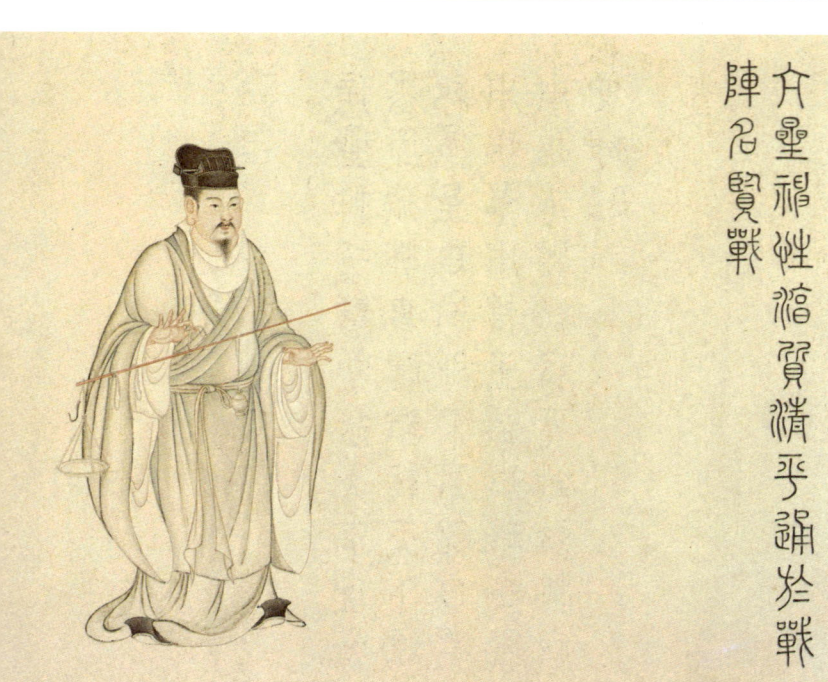

角宿

东方青龙第一宿，主要的两颗亮星是角宿一与角宿二，分别为青龙的右角和左角。角宿在七曜（日、月、金、木、水、火、土）中属木，象征蛟，故也称角木蛟。因黄道穿过两星之间，所以七曜的运行轨迹也多经过两星之间，所以古人将其称为『天门』或『天关』。角宿于春末夏初夜晚出现在南方天空，闪烁着银白色光芒，主春生之权。

亢宿

东方青龙第二宿，包括亢、大角、左摄提、右摄提、顿顽、阳门、折威七个星官，为青龙之颈。亢宿在七曜中属金，图腾为龙，故也称亢金龙。

氐宿

东方青龙第三宿,包括氐、天乳、招摇、梗河、帝席、亢池、阵车、骑官、车骑、天辐、骑阵将军十一个星官。氐宿在七曜中属土,图腾为貉,故也称氐土貉。《史记·天官书》:"氐为天根。"可知氐宿是青龙的骨架和四肢。

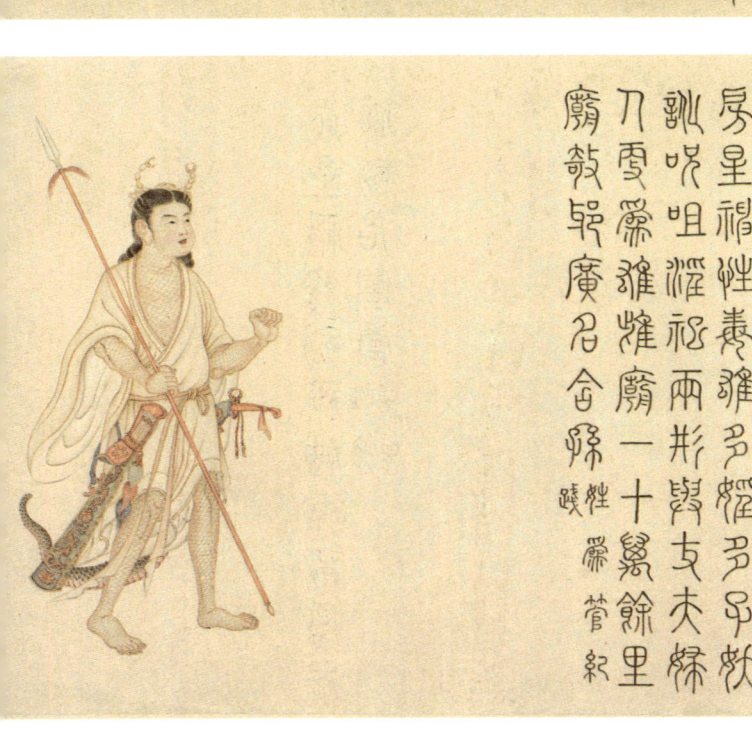

房宿

东方青龙第四宿,包括房、钩铃、键闭、罚、东咸、西咸、日、从官八个星官。房宿在七曜中属日,图腾为兔,故也称房日兔。《史记·天官书》:"房为府,曰天驷。"房宿为青龙之腹。

心宿

东方青龙第五宿，包括心、积卒两个星官。心宿在七曜中属月，图腾为狐，故也称心月狐。心宿为青龙之腰。「七月流火，九月授衣」中的「火」即指心宿。

尾宿

东方青龙第六宿，包括尾、神宫、龟、天江、傅说、鱼六个星官。尾宿在七曜中为火，图腾为虎，故也称尾火虎。尾宿为青龙之尾。

箕宿

东方青龙第七宿,包括箕、糠、杵三个星官。箕宿在七曜中属水,图腾为豹,故也称箕水豹。箕宿为青龙尾摆动而引发的旋风。

斗宿

北方玄武第一宿,包括斗、天龠、天弁、建、天鸡、狗、狗国、天渊、农丈人、鳖十个天官,共九十三颗星。斗宿在七曜中属木,图腾为獬豸,故也称斗木獬。斗宿因为主星官斗星由六颗星构成,形象似斗勺,故名。斗宿为玄武的蛇头和蛇身。《海中占》:"斗建者,阴阳始终之门,大政升平之所,起律历之本原也。"因此,斗宿一直被占星家所重视。

牛宿

北方玄武第二宿,包括牛、天田、九坎、河鼓、织女、左旗、右旗、天桴、罗堰、渐台、辇道十一个星官。牛宿在七曜中属金,图腾为牛,故也称牛金牛。《宋史·天文三》:"牛宿六星,天之关梁,主牺牲事。"

女宿

北方玄武第三宿,形似箕,包括女、十二国、离珠、败瓜、瓠瓜、天津、奚仲、扶筐八个星官。因古代妇女经常用簸箕颠簸五谷,故称女宿。女宿在七曜中属土,图腾为蝠,故也称女土蝠。

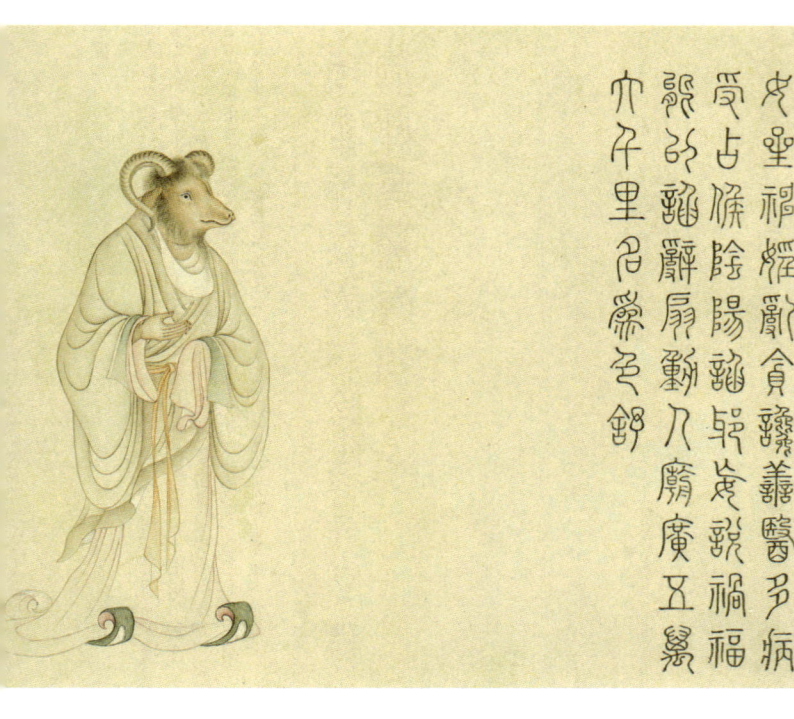

虚宿

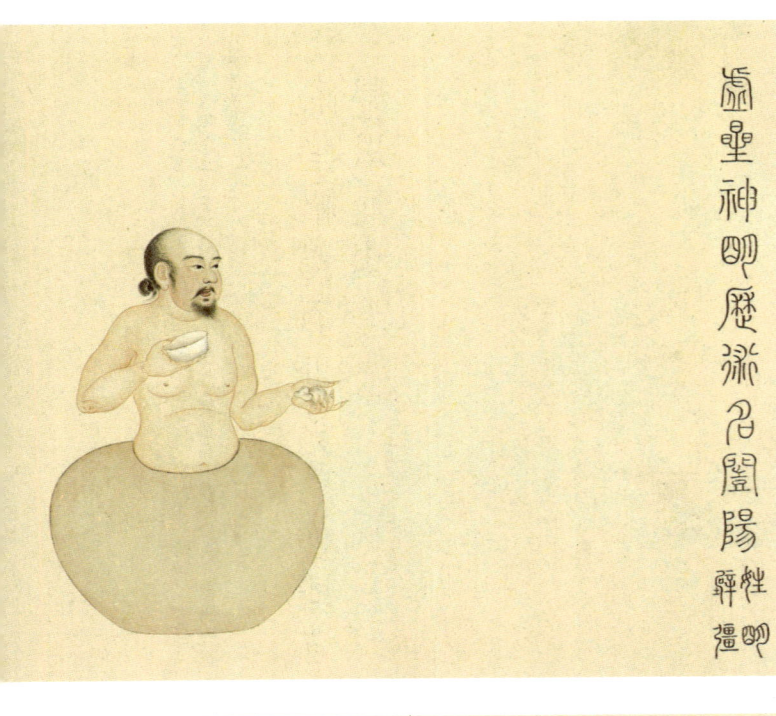

北方玄武第四宿，包括虚、司命、司禄、司危、司非、哭、泣、天垒城、败臼、离瑜十个星官。虚宿在七曜中属日，图腾为鼠，也称虚日鼠。虚宿在冬至时出现，故吉。

危宿

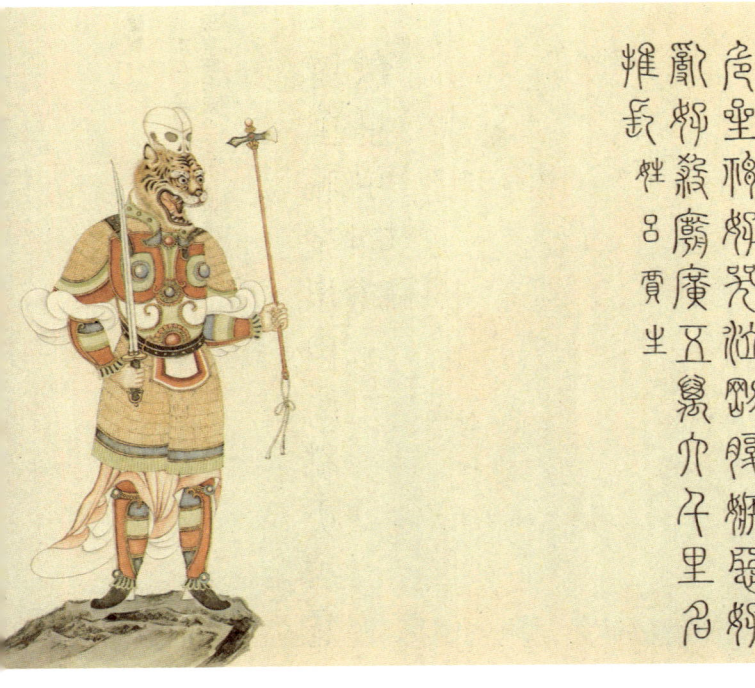

北方玄武第五宿，包括危、坟墓、人、杵、臼、车府、天钩、造父、盖屋、虚梁、天钱十一个星官。危宿在七曜中属月，图腾为燕，也称危月燕。危宿为龟蛇尾部，因战争中断后者常有危险，故名"危"。

室宿

北方玄武第六宿，包括室、离宫、雷电、垒壁阵、羽林军、铁钺、北落师门、八魁、天纲、土公吏、螣蛇十一个星官。室宿在七曜中属火，图腾为猪，也称室火猪。

壁宿

北方玄武第七宿，包括壁、霹雳、云雨、天厩、铁锁、土公六个星官。壁宿在七曜中属水，图腾为貐，也称壁水貐。

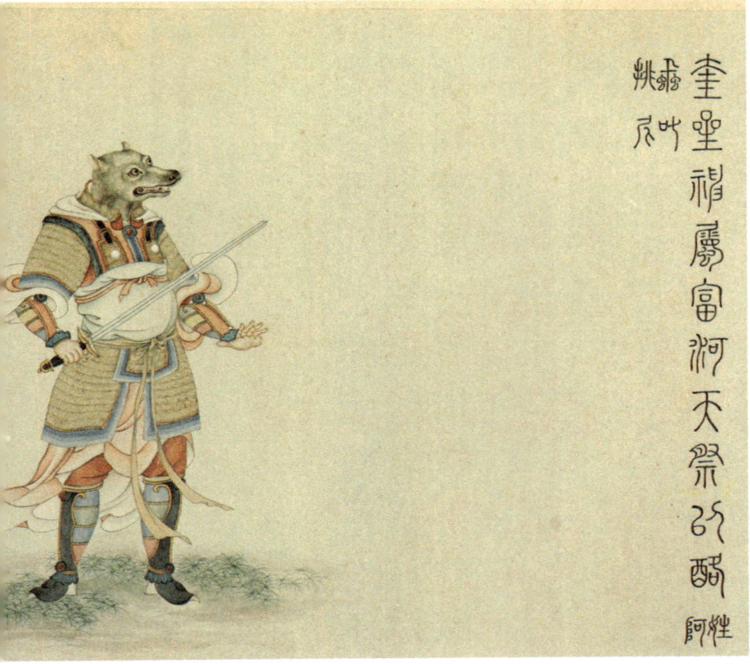

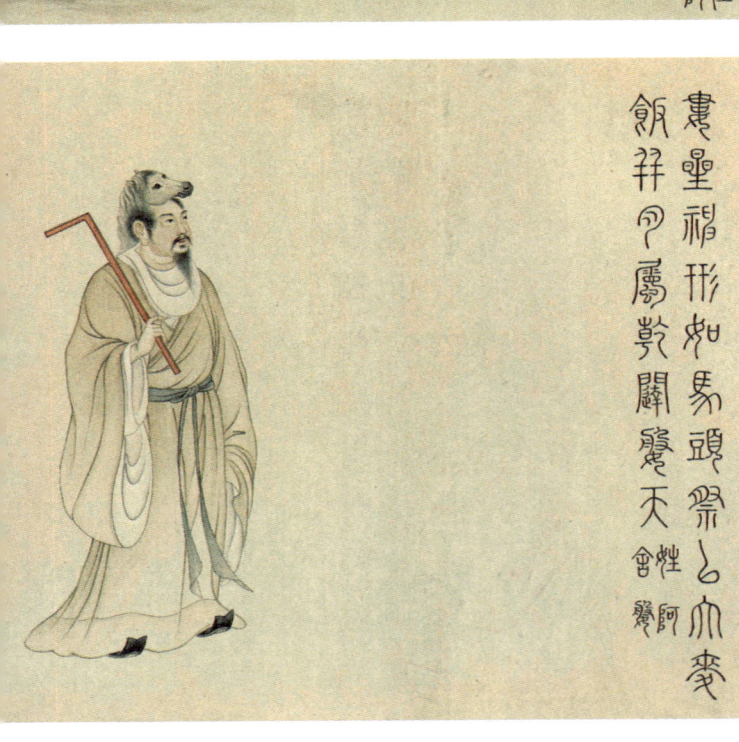

奎宿

西方白虎第一宿,包括奎、外屏、天溷、土司空、军南门、阁道、附路、王良、策九个星官。奎宿在七曜中属木,图腾为狼,也称奎木狼。据《说文解字》,「奎」义为「两髀之间」。所以,奎宿为白虎之尾。在《封神演义》中,李雄死于万仙阵后,助周武王斩杀敌将,被姜子牙封为奎木狼。在《西游记》中,封神的奎木狼,为了披香殿侍香的玉女,不惜放弃仙缘,下界到宝象国沦为黄袍怪,与思凡下界的玉女(即宝象国公主)做了十三年的夫妻。

娄宿

西方白虎第二宿,包括娄、左更、右更、天仓、天庾、天大将军六个星官。娄宿在七曜中属金,图腾为狗,也称娄金狗。

胃宿

西方白虎第三宿，包括胃、天廪、天囷、大陵、天船、积尸、积水七个星官。胃宿在七曜中属土，图腾为雉，也称胃土雉。

昴宿

西方白虎第四宿，包括昴宿、天阿、月、天阴、刍藁、天苑、卷舌、天谗、砺石九个星官。昴宿在七曜中属日，图腾为鸡，也称昴日鸡。据《史记·天官书》中「昴日髦头」可知，昴宿为白虎之首。昴宿被古人用来定四时，《尚书·尧典》中「日短，星昴，以正仲冬」，即在日落时看到昴宿出现在中天，就说明冬至到了。

毕宿

西方白虎第五宿,包括毕、附耳、天街、天节、诸王、天高、九州殊口、五车、柱、天潢、咸池、天关、参旗、九斿、天园十五个星官。毕宿在七曜中属月,图腾为乌,也称毕月乌。

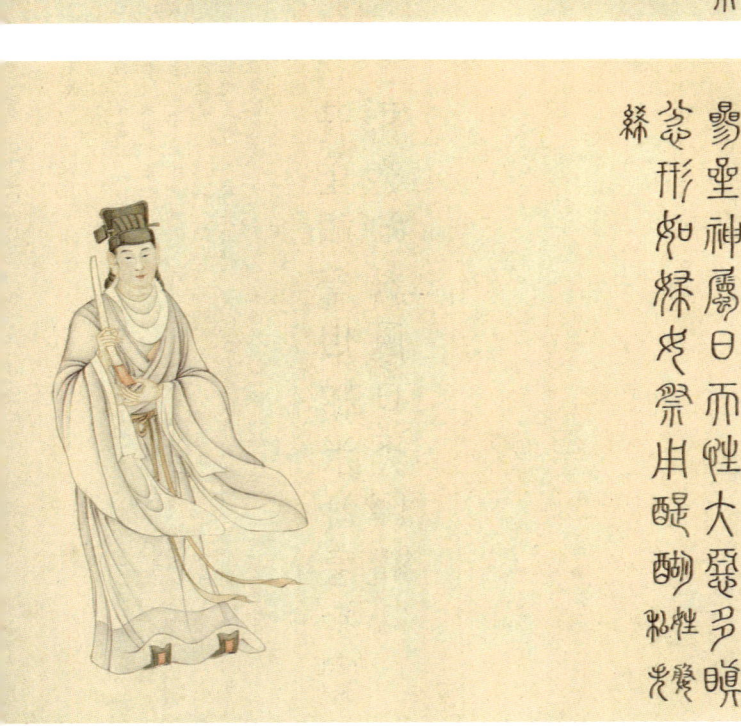

觜宿

西方白虎第六宿,包括觜、司怪、座旗三个星官。觜宿为白虎之口,象征口福,多吉。觜宿在七曜中属火,图腾为猴,也称觜火猴。

参宿

西方白虎第七宿，包括参、伐、玉井、屏、军井、厕、屎七个星官。参宿在七曜中属水，图腾为猿，也称参水猿。参象征腰带上的三颗星。《唐风》：「三星，参也。」春节时，在南方夜晚八点左右能看见三星高挂天空。「三星高照，新年来到」。

井宿

南方朱雀第一宿，包括井、钺、南河、北河、天樽、五诸侯、积水、积薪、水府、水位、四渎、军市、野鸡、丈人、子、孙、阙丘、天狼、弧矢、老人二十个星官。因其星群状如网（井字如网状），故得名「井」。井宿源于古邢国，伯益造井和挥公造弓都与此有关。井宿在七曜中属木，图腾为犴，也称井木犴。古代皇家常以井宿的明暗来预测国势，明亮代表国富民安，天下太平，晦暗代表国家动荡不安，将有祸事发生。

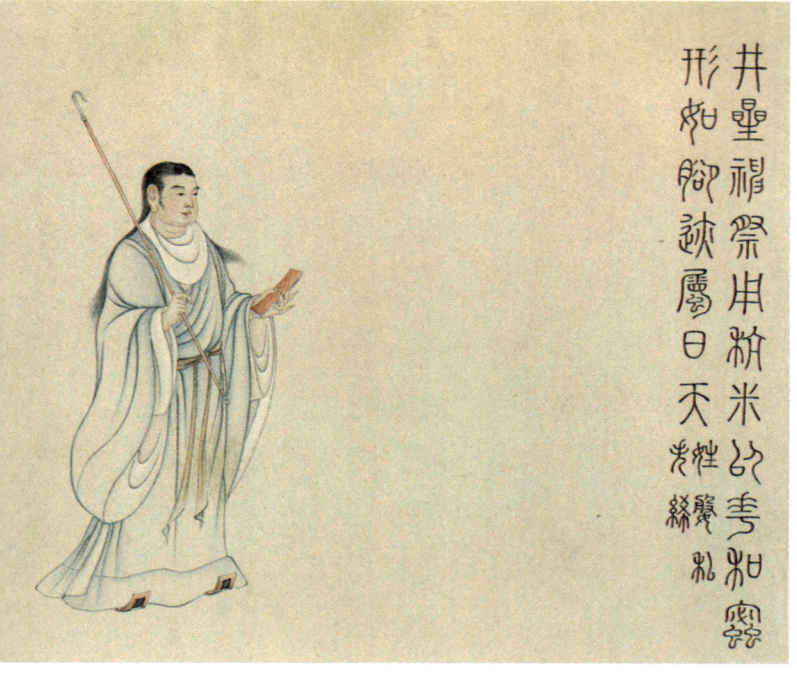

鬼宿

南方朱雀第二宿，包括鬼、积尸、爟、天狗、天社、天记七个星官。鬼宿在七曜中属金，图腾为羊，也称鬼金羊。鬼宿为朱雀头眼，鬼中央白色如粉絮者，谓之积尸，一曰天尸，四星曰舆鬼。《观象玩占》：「鬼五星，如星非星，如云非云，见气而已。」所以，鬼宿多凶。鬼宿为朱雀之帽。

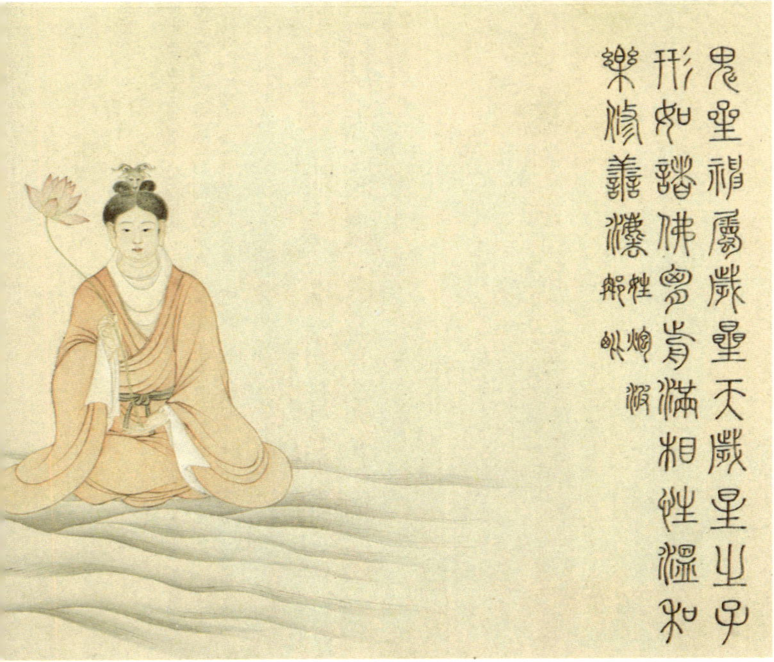

柳宿

南方朱雀第三宿，包括柳、酒旗两个星官。柳宿在七曜中属土，图腾为獐，也称柳土獐。《尔雅·释天》：「咮谓之柳，柳，鹑火也。」咮，鸟嘴，柳宿为朱雀之嘴。因鸟嘴的形状如柳叶，故名。嘴为进食之用，所以柳宿多吉。

星宿

南方朱雀第四宿，包括星、天相、天稷、轩辕、御女、内平六个星官。星宿在七曜中属日，图腾为马，也称星日马。星宿为朱雀之颈，《史记索隐》：「颈，朱鸟颈也。员官，喉也。物在喉咙，终不久留，故主急事。」

张宿

南方朱雀第五宿，包括张、天庙两个星官。张宿在七曜中属月，图腾为鹿，也称张月鹿。张宿为朱雀身体与翅膀连接的地方，朱雀的翅膀张开才能飞翔，故张宿多吉，民间「开张大吉」的说法也与此有关。

翼宿

南方朱雀第六宿，包括翼、东瓯两个星官。翼宿在七曜中属火，图腾为蛇，也称翼火蛇。翼宿为朱雀之翼，故名。

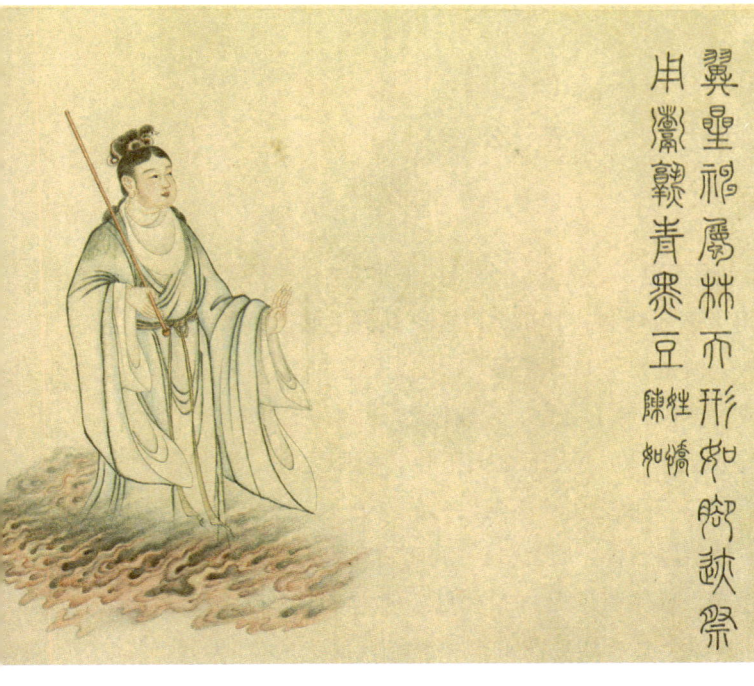

轸宿

南方朱雀第七宿，包括轸、长沙、左辖、右辖、青丘、军门、土司空、器府八个星官。轸宿在七曜中属水，图腾为蚓，也称轸水蚓。轸宿为朱雀之尾，轸是车箱底部后面的横木，故名。轸宿古称「天车」。

贵　公

四曰：

昔先圣王之治天下也，必先公。公则天下平①矣。平得于公。尝试观于上志②，有得天下者众矣，其得之以公，其失之必以偏。凡主之立也，生③于公。故《鸿范》④曰："无偏⑤无党，王道荡荡⑥。无偏无颇⑦，遵王之义⑧。无或⑨作好，遵王之道。无或作恶⑩，遵⑪王之路。"

天下，非一人之天下也，天下之天下也。阴阳之和，不长⑫一类；甘露时雨，不私一物；万民之主，不阿⑬一人。

伯禽⑭将行，请所以治鲁。周公曰："利而勿利⑮也。"

荆⑯人有遗弓者，而不肯索⑰，曰："荆人遗之，荆人得之，又何索焉？"孔子闻之曰："去其'荆'而可矣。"老聃⑱闻之曰："去其'人'而可矣。"故老聃则至公矣。

天地大矣，生而弗子⑲，成而弗有⑳，万物皆被㉑其泽，得其利，而莫知其所由始。此三皇五帝之德也。

管仲有病，桓公往问之，曰："仲父之病㉒矣。渍㉓甚，国人弗讳㉔，寡人将谁属国㉕？"管仲对曰："昔者臣尽力竭智，犹未足以知之也。今病在于朝夕之中，臣奚能言？"桓公曰："此大事也，愿仲父之教寡人也。"管仲敬诺，曰："公谁欲相㉖？"公曰："鲍叔牙可乎？"管仲对曰："不可。夷吾善鲍叔牙。鲍叔牙之为人也，清廉洁直；视不己若者，不比㉗于人；一闻人之过，终身不忘。勿已㉘，则隰朋㉙其可乎？隰朋之为人也，上志㉚而下求，丑㉛不若黄帝，而哀不己若者。其于国也，有不闻也；其于物也，有不知也；其于人也，有不见也。勿已乎，则隰朋可也。"

夫相，大官也。处大官者，不欲小察，不欲小智，故曰：大匠不斫㉜，大庖不豆㉝，大勇不斗，大兵不寇㉞。

桓公行公去私恶，用管子而为五伯㉟长；行私阿所爱，用竖刁㊱而虫出于户。

人之少也愚，其长也智。故智而用私，不若愚而用公。日醉而饰服㊲，私㊳利而立公，贪戾㊴而求王，舜弗能为。

【注释】

① 平：指政治清明，国家安定。
② 志：记载。
③ 生：出。
④ 《鸿范》：出自《尚书·周书》。"鸿"的意思是"大"，"范"的意思是"法"。"鸿范"即统治大法。为战国后期儒者所作，一说作于春秋时期。
⑤ 无：通"毋"，不能。偏：不平，私。
⑥ 荡荡：宽广的样子。
⑦ 颇：不公正。
⑧ 义：法度。
⑨ 或：句中语气词。
⑩ 恶（wù）：憎恶。
⑪ 遵：沿着……走。
⑫ 长：生。
⑬ 阿：偏袒。
⑭ 伯禽：姬姓，名禽，伯为排行，尊称禽父，周文王姬昌之孙，周公旦长子，鲁国第一任国君，称"鲁公"。
⑮ 利而勿利：施利于百姓而不谋利于己。
⑯ 荆：指楚国，因楚国最初建国于荆山地区。
⑰ 索：求，寻找。
⑱ 老聃（dān）：姓李名耳，字聃，一字伯阳，春秋末期陈国苦县（今河南省

鹿邑县）人。中国古代思想家、哲学家、文学家和史学家，道家学派创始人，与庄子并称"老庄"。著有《道德经》（又名《老子》）。

⑲ 子：作动词，以……为子。

⑳ 有：占有。

㉑ 被：承受。

㉒ 仲父之病："病"上当有"疾"字。疾，病。病，病重。

㉓ 溃：病。

㉔ 讳：避忌。

㉕ 谁属国：把国家托付给谁。

㉖ 公谁欲相：您打算用谁为相。相，用作动词。

㉗ 比：并列。

㉘ 勿已：相当于"不得已"。

㉙ 隰（xí）朋：（？—前644），姜姓，春秋时期著名的齐国大夫。与管仲、鲍叔牙等共同辅佐齐桓公，使齐国大治。管仲病重时荐他自代，与管仲同年去世。

㉚ 上志：效法上世先贤。

㉛ 丑：作动词，以……为羞耻。

㉜ 斫：砍削。

㉝ 豆：古代食器，在此作动词，放置食器。

㉞ 寇：劫掠。

㉟ 五伯：即"五霸"，指齐桓公、晋文公、秦穆公、宋襄公、楚庄王。伯，长，首领。

㊱ 竖刁：也作"竖刀"，春秋时期齐桓公的宦官。为表示对齐桓公的忠心，自行阉割入宫侍奉齐桓公。桓公病危时，竖刁作乱，不给桓公提供饮食，使齐桓公活活被饿死。

㊲ 饰：通"饬"，整顿。服：指丧服制度。据《礼》，居丧不饮酒食肉。

㊳ 私：作动词，把……归为私有。

㊴ 戾：贪暴。

【译文】

第四：

从前，圣王治理天下，必先做到公正无私，这样天下就安定了。天下安定是因为公正无私。试观古籍记载可知，得到过天下的人太多了。如果说他们取得天下是由于公正无私，那么他们失去天下必定是由于偏颇有私。设立君主都是出于公正无私。因此《鸿范》记载："不偏私，不结党，王道就会平坦宽广。不偏私，不倾侧，遵循先王的法则。不偏好，遵循先王的正道。不怨怒，遵循先王的正路。"

天下不是一个人的天下，而是天下人的天下。阴阳调和，不只生长一种物类。甘露时雨，不偏私某一种生物。万民之主，不偏袒某一人。

伯禽将去鲁国，临行前请教治国方法。周公说："施利于民而不谋利于己。"

有个楚国人丢了弓，却不肯去寻找，他说："楚国人丢了也是被楚国人拾取，又何必寻找呢？"孔子听到这个楚国人的话后说："把'楚国'二字去掉就更好了。"老聃听到孔子的话后说："再去掉'人'字就更好了。"所以，老聃这样的人，才算是达到了公的最高境界。

天地是多么伟大啊，它生育万物却不把万物视为子孙，它成就万物却不占为己有。万物都承受它的恩泽，得到它的好处，然而却没有哪一个知道这些是从哪里来的。这也正是三皇五帝的品德。

管仲有病，齐桓公去探望他，说："仲父您病得太重了。如果病情危急，发生国人无法避忌的事，将来我应该把国家托付给谁呢？"管仲回答："过去我尽心竭力，尚且不知道。如今我病重，危在旦夕，我又能说什么呢？"齐桓公说："这是大事啊，希望仲父能教导我。"管仲恭敬地答应，说："您想用谁为相？"齐桓公说："鲍叔牙行吗？"管仲回答说："不行。我深知鲍叔牙。鲍叔牙为人清白廉正；看待不如自己的人，不屑与之为伍；偶然听说别人的过失，便会终生不忘。如果不得已，隰朋大概可以。隰朋为人，能效法前世先贤，还能不耻下问，自愧其德不如黄帝，又怜惜不如自己的人。对于国政，不该他管的，他就不去打听；对于事务，不需要他知道的，他就不去过问；对于别人，只要无关大节，就装作没看见。不得已的话，隰朋可以任用。"

一国之相是大官。居于高位的人，不在小的地方花费精力，不玩弄小聪明。

所以说，技艺高超的木匠不会亲自动手砍削，厨艺高超的厨师不会亲自去摆放食器，勇武的人不会亲自去格斗厮杀，正义的军队不会进行劫掠。

齐桓公行公正，抛去私怨，任用管子而成五霸之长；但他行偏私，庇护所爱，任用竖刁而导致他死后国家大乱，无人为其入殓，尸体腐烂后蛆虫爬出屋外。

人年幼时愚昧，年长时聪明。聪明而用私，不如愚昧而行公。整日喝醉却要整饬丧纪，自私自利却要彰显公平公正，贪婪残暴却想要称王，即使是舜也无法做到。

五帝

五帝原来指东、南、西、北、中五方上帝，据《周礼·天官》"祀五帝"，为东方青帝灵威仰、南方赤帝赤熛怒、中央黄帝含枢纽、西方白帝白招拒、北方黑帝叶光纪。五方五帝各自主宰一方，此为先天五帝也为天下之帝。后天五帝就是天下之帝，即东方青帝太昊（伏羲氏）、南方赤帝神农（魁隗氏）、中央黄帝轩辕（有熊氏）、西方白帝少昊（金天氏）、北方黑帝颛顼（高阳氏）。

《伏羲坐像》轴（局部）
选自《历代帝后像》轴　（宋）马麟　收藏于台北故宫博物院

太昊，亦作太皞，即伏羲，风姓，燧人氏之子。相传，华胥在雷泽踩了巨大的脚印而有孕，在成纪生了伏羲。伏羲有圣德，他统一华夏各个部落，定都陈地，封禅泰山。然后，取蟒身、鳄头、鹿角、虎眼、鲤鳞、蜥腿、鹰爪、鲨尾、鲸须，创造出龙的形象，最终龙成为汉族的图腾。他又"仰则观象于天，俯则观法于地，观鸟兽之文，与地之宜"。近取诸身，远取诸物，于是始作八卦"，"又教民结绳，以作网罟，捕鱼猎兽，嫁娶以俪皮为礼，又创制琴瑟"。因此，在古代传说中，伏羲被尊为中华民族的人文初祖。

神农氏
选自《历代帝王圣贤名臣大儒遗像》（清）佚名 收藏于法国国家图书馆

炎帝，号神农氏，为中国上古时期姜姓部落的首领，被称为炎帝。传说，炎帝牛首人身，曾亲自尝百草，发明刀耕火种。相传，后来炎帝部落和黄帝部落结盟，共同击败了蚩尤部落。『炎黄子孙』即来源于此。

黄帝有熊氏
选自《历代帝王圣贤名臣大儒遗像》（清）佚名 收藏于法国国家图书馆

黄帝，据说是少典与附宝之子，本姓公孙，后改姬姓，名轩辕。黄帝部落建都于有熊，因有土德的祥瑞，故号黄帝。黄帝在位期间，播种百谷草木，发展生产，始制衣冠、造舟车、制音律等，是中国的第一位古帝。

少昊金天氏
选自《历代帝王圣贤名臣大儒遗像》 （清） 佚名 收藏于法国国家图书馆

少昊，姬姓，名玄嚣，为黄帝和嫘祖之子。生于穷桑，因修太昊之法，故被称为少昊。少昊因迎娶凤鸿氏女子为妻，而成为凤鸿部落的首领，最终成为东夷部落的首领。在《左传》中，郯子说："我高祖少皞挚之立也，凤鸟适至，故纪于鸟，为鸟师而鸟名。"少昊将凤凰作为东夷部落的图腾，他命凤鸟总管百鸟，燕子掌管春天，伯劳掌管夏天，鹦雀掌管秋天，锦鸡掌管冬天，由此建立百鸟之国。春秋末期，东夷族完全融入华夏族，形成中华民族特有的龙凤文化。

颛顼高阳氏
选自《历代帝王圣贤名臣大儒遗像》 （清） 佚名 收藏于法国国家图书馆

颛顼，姬姓，黄帝之孙。《史记·五帝本纪》记载颛顼："静渊以有谋，疏通而知事。"因辅佐少昊有功，颛顼被封在高阳（今河南省杞县高阳镇），故号高阳氏。打败共工氏后，颛顼成为联盟首领，建都穷桑，后迁都商丘。

去　私

五曰：

天无私覆①也，地无私载也，日月无私烛②也，四时无私行也。行其德而万物得遂③长焉。

黄帝言曰："声禁重，色禁重，衣禁重，香禁重，味禁重，室禁重。④"

尧有子十人，不与其子而授舜；舜有子九人，不与其子而授禹：至公也。

晋平公问于祁黄羊⑤曰："南阳无令⑥，其谁可而为之？"祁黄羊对曰："解狐⑦可。"平公曰："解狐非子之雠⑧邪？"对曰："君问可，非问臣之雠也。"平公曰："善。"遂用之。国人称善焉⑨。居有间⑩，平公又问祁黄羊曰："国无尉⑪，其谁可而为之？"对曰："午⑫可。"平公曰："午非子之子邪？"对曰："君问可，非问臣之子也。"平公曰："善。"又遂用之。国人称善焉。孔子闻之曰："善哉，祁黄羊之论也！外举不避雠，内举不避子。"祁黄羊可谓公矣。

墨者有钜子⑬腹䵍，居秦，其子杀人，秦惠王曰："先生之年长矣，非有他子也，寡人已令吏弗诛矣，先生之以此听寡人也。"腹䵍对曰："墨者之法曰：'杀人者死，伤人者刑。'此所以禁杀伤人也。夫禁杀伤人者，天下之大义也。王虽为之赐，而令吏弗诛，腹䵍不可不行墨者之法。"不许惠王，而遂杀之。子，人之所私也。忍所私以行大义，钜子可谓公矣。

庖人调和⑭而弗敢食，故可以为庖。若使庖人调和而食之，则不可以为庖矣。王伯之君⑮亦然。诛暴而不私，以封天下之贤者，故可以为王伯。若使王伯之君诛暴而私之，则亦不可以为王伯矣。

【注释】

① 覆：覆盖。
② 烛：照明。
③ 遂：成。
④ 禁重：不可过度。按：这段文意与上下文无关，疑为后人转写错误。
⑤ 晋平公：春秋时期晋国国君，名彪。祁黄羊：晋大夫，名奚，字黄羊。
⑥ 令：县官。
⑦ 解（xiè）狐：晋大夫。
⑧ 雠（chóu）：仇敌。
⑨ 焉：相当于"于彼"。
⑩ 居有间：过了一段时间。
⑪ 尉：军尉。
⑫ 午：指祁午，祁黄羊之子。
⑬ 钜子：相当于"大师"。
⑭ 调和：指调和五味。
⑮ 王伯之君：成就霸业的君主。

【译文】

第五：

天没有偏私地覆盖万物，地没有偏私地承载万物，日月没有偏私地普照万物，春夏秋冬没有偏私地更迭交替。天地、日月、四时没有偏私地施行恩德，所以万物才得以成长。

黄帝说："音乐禁止淫靡，色彩禁止炫目，衣服禁止厚热，香料禁止浓烈，饮食禁止丰美，宫室禁止高大。"

尧有十个儿子，但他不把帝位传给自己的儿子而传给舜；舜有九个儿子，但他不把帝位传给自己的儿子而传给禹；他们都达到了公正无私的最高境界。

晋平公问祁黄羊："南阳缺一个县令，谁可以担任？"祁黄羊回答："解狐可以。"晋平公说："解狐不是你的仇人吗？"祁黄羊回答："您只是问我谁可以担任，而没问谁是我的仇人。"晋平公称赞："好！"于是让解狐担任了南阳的县令。对此国人纷纷称赞。过了一段时间，晋平公又问祁黄羊："国家缺一个军尉，谁可以担任？"祁黄羊回答："祁午可以。"晋平公说："祁午不是你的儿子吗？"祁黄羊回答："您只是问我谁可以担任，而没问谁是我的儿子。"晋平公说："好！"于是让祁午担任了。对此国人又纷纷称赞。孔子听说了这件事，说："好呀，祁黄羊外举不回避仇人，内举不回避儿子。"祁黄羊可称得上公正无私了。

墨家大师腹䵍住在秦国，他的儿子杀了人。秦惠王对腹䵍说："先生年纪大了，没有其他儿子，我已经下令让执法官吏不杀你儿子了。在这件事上先生就听我的吧。"腹䵍回答："墨家法规：'杀人者处死，伤人者受刑。'这样做的目的是严禁杀人伤人。严禁杀人伤人是天下大理。大王您虽然赐给我恩惠，命令执法官吏不杀我的儿子，但是我腹䵍却不能不执行墨家的法律。"腹䵍没有应允秦惠王，最终杀了自己的儿子。孩子是父母所偏爱的，腹䵍为遵循天下大理而忍痛杀掉自己心爱的儿子，可称得上公正无私了。

厨师调和五味而不敢私自食用，所以可以做厨师。如果厨师调和五味却私自享用，那么他就不可以做厨师了。成就霸业的君主也是如此，他们诛杀暴君，自己却不占有他的土地，而是把土地分封给贤德之人，所以能够成就王霸之业。如果他们诛杀暴君却把他的土地占为己有，那么这样的君主就不能成就王霸之业了。

仲春纪

仲 春

一曰：

仲春之月，日在奎①，昏弧②中，旦③建星中。其日甲乙，其帝太皞，其神句芒，其虫鳞，其音角，律中夹钟④。其数八，其味酸，其臭膻，其祀户，祭先脾。始雨水，桃李华⑤，苍庚⑥鸣，鹰化为鸠⑦。天子居青阳太庙⑧，乘鸾辂，驾苍龙，载青旂，衣青衣，服青玉，食麦与羊，其器疏以达。

是月也，安⑨萌牙，养幼少，存⑩诸孤；择元日，命人社⑪；命有司，省囹圄⑫，去桎梏⑬，无肆掠，止狱讼。

是月也，玄鸟至，至之日，以太牢祀于高禖⑭。天子亲往，后妃率九嫔⑮御。乃礼天子所御⑯，带以弓韣⑰，授以弓矢，于高禖之前。

是月也，日夜分，雷乃发声，始电。蛰虫咸动，开户⑱始出。先雷三日，奋铎⑲以令于兆民曰："雷且发声，有不戒其容止⑳者，生子不备㉑，必有凶灾。"日夜分，则同㉒度量，钧衡石㉓，角㉔斗桶，正权㉕概。

是月也，耕者少舍㉖，乃修阖扇㉗。寝庙㉘必备。无作大事㉙，以妨农功。

是月也，无竭川泽，无漉陂池，无焚山林。天子乃献羔开冰㉚，先荐㉛寝庙。上丁㉜，命乐正入舞舍采㉝；天子乃率三公、九卿、诸侯，亲往视之。中丁㉞，又命乐正入学习乐。

是月也，祀不用牺牲，用圭璧㉟，更皮币㊱。

仲春行秋令，则其国大水，寒气总㊲至，寇戎㊳来征；行冬令，则阳气不胜，麦乃不熟，民多相掠；行夏令，则国乃大旱，暖气早来，虫螟为害。

【注释】

① 奎：星宿名，二十八宿之一，状如鞋底。
② 弧：又名弧矢，古代星官之一，属于二十八宿中的井宿。其形如弓矢，故称。
③ 旦：早晨。
④ 夹钟：十二律之一。
⑤ 华：花，在此作动词，开花。
⑥ 苍庚：黄鹂。
⑦ 鸠：布谷鸟。
⑧ 青阳太庙：东向明堂的中间正室。
⑨ 安：使……安。
⑩ 存：抚恤。
⑪ 社：土神，在此作动词，祭祀土神。
⑫ 囹圄：牢狱。
⑬ 桎梏：刑具，在手上的为梏，在脚上的为桎。
⑭ 太牢：祭品中，牛、羊、豕（猪）三牲俱全被称为"太牢"。高禖：即郊禖。禖，古帝王求子所祭之神。
⑮ 嫔：女官名，此处九嫔泛指宫中女眷。
⑯ 御：指天子所御幸而有孕的宫眷。
⑰ 弓韣（dú）：弓套。
⑱ 户：指穴。
⑲ 铎：一种大铃。古代在巡行宣布政令时，官员要摇晃木铎，发出铃声来引

起百姓的注意。
⑳　容止：这里指男女房事。
㉑　不备：指生的孩子天生残疾。
㉒　同：统一。
㉓　衡：秤杆。石：重量单位，古代一石为一百二十斤。
㉔　角：校正。
㉕　正：使动用法，使……正，校正。权：秤锤。
㉖　少舍：稍事休息。
㉗　阖扇：门户。
㉘　寝庙：古代宗庙中，前边祭祖的为庙，后边住人的为寝。
㉙　大事：指战争。
㉚　献羔开冰：古人冬天在湖中取冰，藏入冰窖。在仲春时，先用羊羔祭祀司寒的神灵，才能打开冰窖取冰。
㉛　荐：向鬼神进献。
㉜　上丁：每月的第一个丁日。
㉝　舍：放置。采：指彩帛。古代初次进太学的国子，要以彩帛敬祀先师。
㉞　中丁：每月中旬的丁日。
㉟　圭璧：祭祀时当作符信的玉器。
㊱　皮币：指皮毛缯帛。
㊲　总：忽然。
㊳　寇戎：敌军。

【译文】

第一：

仲春二月，太阳的位置在奎宿。日落时，弧矢星出现在南方中天；日出时，建星出现在南方中天。这个月在天干中属甲乙，它的主宰之帝为太皞，佐帝之神为句芒，它对应的动物为鳞族，对应的声音为角音，对应的音律为夹钟，对应的数字为八，对应的味道为酸味，对应的气味为膻气，要举行的祭祀为户祭，祭祀时祭品以脾脏为尊。这个月开始下雨，桃李开始开花，黄鹂开始鸣叫，天空中的鹰逐渐为布谷鸟取代。天子要居住在东向明堂的正室，出行要乘坐饰有鸾铃的车，用青色的马驾车，车上插青色的龙纹旗帜，还要穿青色衣服，佩戴青色饰玉，食用麦子和羊肉，使用纹理空疏而通达的器物。

这个月，天子要下令保护萌芽的植物，养育儿童和少年，抚恤孤儿；要选择吉日，命令老百姓祭祀土神；还要下令让掌管司法的官员减少关押的犯人，去掉他们的手铐脚镣，不要杀人陈尸和鞭打犯人，制止诉讼之类的事情。

这个月，燕子来到。燕子飞来那天，要备齐三牲去郊外祭祀高禖之神。天子亲自前往，后妃率领宫中所有女眷陪从。在高禖神前，天子要为有身孕的后宫女眷举行礼仪，为她们带上弓套，并授以弓箭。

这个月，日夜平分，开始打雷和闪电。蛰伏的动物全部苏醒，开始从洞穴中钻出来。打雷前三日，官吏要摇动木铎向老百姓发布命令："凡是打雷时不戒房事的夫妻，生下的孩子必有先天残疾，自己也必有凶险和灾祸。"日夜平分，所以要统一和校正各种度量衡器具，以顺应天时。

这个月，农民可以稍事休息，修理一下门户。用于祭祀的寝庙务必要修整完备。不能兴兵征伐，以免妨害农事。

这个月，不能抽干河川沼泽及蓄水的池塘，不能焚烧山林。天子要用羔羊祭祀司寒之神，之后才能打开冰窖，把冰先献给祖先。上旬的丁日，天子要命令乐正到太学教练舞蹈，初进太学的学子，要以彩帛敬祀先师。天子率三公、九卿、诸侯亲自去观看。中旬的丁日，天子还要命令乐正到太学教练音乐。

这个月，一般的祭祀不用牲畜做祭品，而用玉圭、玉璧，或者皮毛束帛来代替。

仲春二月，如果施行应在秋天推行的政令，国家就会发生洪水灾害，寒气就会突然降临，敌寇就会前来侵犯。如果施行冬天施行的政令，阳气就会不足，麦子就不能成熟，民间就会频繁出现劫掠之事。如果施行应在夏天施行的政令，国家就会出现干旱，热气就会过早到来，庄稼就会遭到虫害。

贵 生

二曰：

圣人深虑天下，莫贵于生。夫耳目鼻口，生之役①也。耳虽欲声，目虽欲色，鼻虽欲芬香，口虽欲滋味，害于生则止②。在四官③不欲，利于生者则弗④为。由此观之，耳目鼻口不得擅行，必有所制。譬之若官职，不得擅为，必有所制。此贵生之术也。

尧以天下让于子州支父⑤，子州支父对曰："以我为天子犹⑥可也。虽然⑦，我适有幽忧⑧之病，方将治之，未暇在天下也。"天下，重物⑨也，而不以害其生，又况于他物乎？惟不以天下害其生者也，可以托天下。

越人三世杀其君，王子搜患之，逃乎丹穴。越国无君，求王子搜⑩而不得，从之丹穴。王子搜不肯出。越人薰之以艾，乘之以王舆⑪。王子搜援绥⑫登车，仰天而呼曰："君乎！独不可以舍⑬我乎？"王子搜非恶为君也，恶为君之患也。若王子搜者，可谓不以国伤其生矣。此固越人之所欲得而为君也。

鲁君闻颜阖⑭得道之人也，使人以币⑮先焉。颜阖守闾⑯，麤⑰布之衣，而自饭⑱牛。鲁君之使者至，颜阖自对⑲之。使者曰："此颜阖之家耶？"颜阖对曰："此阖之家也。"使者致⑳币，颜阖对曰："恐听缪㉑而遗使者罪，不若审㉒之。"使者还反㉓审之，复来求之，则不得已。故若颜阖者，非恶富贵也，由重生恶之也。世之人主多以贵富骄㉔得道之人，其不相知，岂不悲哉？

故曰：道之真㉕，以持身；其绪㉖余，以为国家；其土苴㉗，以治天下。由此观之，帝王之功，圣人之余事也，非所以完身养生之道也。今世俗之君子，危身弃生以徇物㉘，彼且奚以此之㉙也？彼且奚以此为也?

凡圣人之动作也,必察其所以之与其所以为。今有人于此,以随侯之珠㉚弹千仞之雀,世必笑之。是何也?所用重,所要轻也。夫生,岂特㉛随侯珠之重也哉!

子华子㉜曰:"全生㉝为上,亏生㉞次之,死㉟次之,迫生㊱为下。"故所谓尊生者,全生之谓;所谓全生者,六欲㊲皆得其宜也。所谓亏生者,六欲分得其宜也。亏生则于其尊之者㊳薄矣。其亏弥㊴甚者也,其尊弥薄。所谓死者,无有所以知㊵,复其未生也㊶。所谓迫生者,六欲莫得其宜也,皆获其所甚恶者。服是也,辱是也㊷。辱莫大于不义,故不义,迫生也。而迫生非独不义也,故曰迫生不若死。奚以知其然也?耳闻所恶,不若无闻;目见所恶,不若无见。故雷则掩耳,电则掩目,此其比也。凡六欲者,皆知其所甚恶,而必不得免,不若无有所以知。无有所以知者,死之谓也,故迫生不若死。嗜肉者,非腐鼠之谓也;嗜酒者,非败㊸酒之谓也;尊生者,非迫生之谓也。

【注释】

① 役:役使。
② 止:被禁止。
③ 四官:指耳目鼻口。
④ 弗:衍文(依陈昌齐说)。
⑤ 子州支父:古代隐士,姓子,名州,字支父。
⑥ 犹:还。
⑦ 虽然:虽然这样。
⑧ 幽忧:深重的忧劳。
⑨ 重物:贵重的事物。
⑩ 王子搜:即战国时期越王无颛(zhuān),"搜"为无颛的异名。据《竹书

纪年》记载,在无颛上位前,越国的不寿、翳、诸咎三代国君先后被杀。
⑪ 王舆:国君专车。
⑫ 援:拉。绥:车绥,上车时手拉的绳子。
⑬ 舍:舍弃。
⑭ 颜阖(hé):战国时期鲁国的隐士。
⑮ 币:币帛。
⑯ 闾:周制,二十五家为里,里必有门,称作"闾"。这里代指住所。
⑰ 麤(cū):同"粗"。
⑱ 饭:喂。
⑲ 对:接待。
⑳ 致:献,送。
㉑ 缪:通"谬",错。
㉒ 审:审查清楚。
㉓ 还反:返回。
㉔ 骄:作动词,傲视。
㉕ 真:本质。
㉖ 绪:余。
㉗ 土苴(jū):土,泥土。苴,草芥。比喻微贱之物。
㉘ 徇物:舍生追求外物。徇,通"殉"。
㉙ 之:往。
㉚ 随侯之珠:据说随侯看见一条受伤的大蛇,便为其敷药治疗。后来,大蛇从江中衔来一颗明珠给他,这颗明珠被称为"随侯之珠"。
㉛ 特:只。
㉜ 子华子:春秋末期晋国人,一说战国时魏人,道家人物、哲学家,与孔子同时代,他"贵生""全生"的观点,对之后的庄周很有启发。著有《子华子》一书。
㉝ 全生:顺应自然,使"六欲皆得其宜",以此保全天性。
㉞ 亏生:天性受到外物干扰而亏损,即"六欲分得其宜"。

㉟ 死：在此指为坚守志向而舍弃生命。

㊱ 迫生：在此指苟且偷生。

㊲ 六欲：指生、死及耳、目、口、鼻的欲望。

㊳ 尊之者：指生命的天性。

㊴ 弥：益，更加。

㊵ 所以知：即知觉。

㊶ 复其未生也：重新回到未出生时的状态。

㊷ 服是也，辱是也：屈服属于这一类，受辱也属于这一类。

㊸ 败：变质。

【译文】

第二：

圣人深入思考天下的事情后，认为没有比生命更宝贵的东西。耳目鼻口，受生命役使。耳朵虽想听乐音，眼睛虽想看彩色，鼻子虽想嗅芳香，嘴巴虽想尝美味，但这些欲望只要对生命有害就会被禁止。对于这四种器官来说，即使是不想做的事情，但只要有利于生命，它们就会去做。由此看来，耳目鼻口不能任意行动，必定要有所制约。这就像各种职官，不得独断专行，必须要有所制约一样。这就是珍惜生命的方法。

尧让位于子州支父，子州支父说："让我做天子还是可以的，但是我患有忧劳深重的病，正在治疗，没有余暇顾及天下。"天下是贵重的，圣人尚且不会因它而危害自己的生命，又何况其他的事物呢？只有不因天下而危害自己生命的人，才能把天下托付给他。

越国人连续杀了他们的三代国君，王子搜对此很是害怕，于是逃到了山洞里。越国没了国君，找不到王子搜，一直找到了山洞。王子搜待在山洞里不肯出来，越国人就烧艾草把他熏了出来，让他乘坐国君的车。王子搜拉着登车绳上车时，仰天长叹道："国君呀！难道不能放过我吗？"王子搜并不是厌恶做国君，而是害怕做国君招致的祸患。像王子搜这样的人，可谓不肯因国家而伤害自己生命的了。这也正是越国人一定要让他做国君的原因。

鲁国国君听说颜阖是个有道之人,想重用他,就派人拿着礼物先去致意。颜阖住在陋巷,穿着粗布衣裳,自己喂牛。鲁国国君的使者来了,颜阖亲自接待了他。使者问:"这是颜阖的家吗?"颜阖回答:"这是我的家。"使者送上礼物,颜阖说:"我担心您听错了名字而给您带来处罚,不如您回去再问一下。"使者回去查问清楚后,又来找颜阖,却找不到了。像颜阖这样的人,并不是厌恶富贵,而是因为看重生命才厌恶它。世间的君主,大多凭借富贵傲视有道之人,他们如此不了解这些有道之人,难道不是太可悲了吗?

所以说,道的本质是用来保全身体的,道的剩余是用来治理国家的,道的渣滓才是用来治理天下的。由此看来,帝王的功业是圣人闲暇之余的事,并不是用来养生的方法。如今世俗所谓的君子危害身体舍弃生命去追求身外之物,他们这样做是要达到什么目的呢?他们又将采用什么手段来达到目的呢?

圣人凡是有所举动的时候,必定明确所要达到的目的和达到目的应该采用的方法。如果有人用随侯之珠去弹射高空中的飞鸟,世人肯定会嘲笑他。为什么呢?因为他所付出的东西太贵重了,而所追求的又太轻微了。但是生命的价

值又怎么是随侯之珠所能相比的?

子华子说:"全生为最上等,亏生次一等,死又次一等,而迫生是最下等的。"所谓尊生,说的就是全生;所谓全生,指六欲都能适宜。所谓亏生,指六欲只有部分能适宜。生命受到亏损,天性就会削弱;生命亏损得越厉害,天性削弱得也就越厉害。所谓死,指不能感知六欲,等于又回到未生时的状态。所谓迫生,指六欲没有一样能得到适宜,六欲所得到的都是它们十分厌恶的东西。屈服和耻辱都属于这一类。在耻辱中没有比不义更大的了,所以行不义之事就是迫生,但是构成迫生的不仅仅是不义,因此迫生还不如死。那么根据什么知道是这样呢?例如,耳朵听到讨厌的声音,还不如不听;眼睛看到讨厌的东西,还不如不看。因此,打雷时人们会捂住耳朵,闪电时人们会遮住眼睛,迫生不如死就和这类现象一样。凡是六欲,都知道自己最厌恶什么,如果不可避免,那么不如让六欲失去感知的能力。没有感知的能力就是死,因此,迫生不如死。嗜肉的人,不是说连腐烂的老鼠肉也吃;嗜酒的人,不是说连变质的酒也喝;珍惜生命,不是说连迫生也算。

《春社醉归图》卷(局部)
(宋)朱锐　收藏于台北故宫博物院

社,即祭祀土地神的地方。在传统民俗中,到播种和收获的季节,农民都要祭社,以祈求或酬报土地神。立春后第五个戊日为春社,春社日,农民不仅会通过集会竞技、表演活动来祈求丰收,还会趁此机会娱乐。此卷描绘的就是春社祭祀完毕,农民宴饮的场景。

044

045

情　欲

三曰：

天生人而使有贪有欲。欲有情①，情有节②。圣人修节以止欲，故不过③行其情也。故耳之欲五声，目之欲五色，口之欲五味，情也。此三者，贵贱、愚智、贤不肖④欲之若一，虽神农、黄帝，其与桀、纣同。圣人之所以异者，得其情⑤也。由贵生⑥动，则得其情矣；不由贵生动，则失其情矣。此二者，死生存亡之本也。

俗主亏情，故每动为亡败。耳不可赡⑦，目不可厌⑧，口不可满；身尽府种⑨，筋骨沈滞⑩，血脉壅塞，九窍⑪寥寥，曲⑫失其宜，虽有彭祖⑬，犹不能为也。其于物也，不可得之为欲，不可足之为求⑭，大失生本；民人怨谤，又树大雠；意气易动，跷然⑮不固；矜⑯势好智，胸中欺诈；德义之缓，邪利之急⑰。身以⑱困穷，虽后悔之，尚将奚及？巧佞之近，端直之远，国家大危，悔前之过，犹不可反。闻言而惊，不得所由。百病怒⑲起，乱难时至。以此君⑳人，为身大忧。耳不乐声，目不乐色，口不甘味，与死无择㉑。

古人得道者，生以寿长，声色滋味能久乐之，奚故？论㉒早定也。论早定则知早啬㉓，知早啬则精不竭。秋早寒则冬必暖矣，春多雨则夏必旱矣。天地不能两㉔，而况于人类乎？人之与天地也同。万物之形虽异，其情一体也。故古之治身与天下者，必法天地也。

尊㉕，酌者众则速尽。万物之酌大贵之生㉖者众矣，故大贵之生常速尽。非徒万物酌之也，又损其生以资㉗天下之人，而终不自知。功虽成乎外，而生亏乎内。耳不可以听，目不可以视，口不可以食，胸中大扰㉘，妄言想见㉙，临死之上㉚，颠倒㉛惊惧，不知所为。用心如此，岂不悲哉？

世人之事君者，皆以孙叔敖之遇荆庄王㉜为幸。自有道者论之则不然，此荆国之幸。荆庄王好周游田㉝猎，驰骋弋㉞射，欢乐无遗，尽傅其境内之劳与诸侯之忧于孙叔敖。孙叔敖日夜不息，不得以便生为故，故使庄王功迹著乎竹帛㉟，传乎后世。

【注释】

① 情：感情，指好、恶、喜、怒、哀、乐。
② 节：节制，适度。
③ 过：过分。
④ 不肖：不贤，不善。
⑤ 情：这里指适度的感情。
⑥ 贵生：即尊生。
⑦ 赡：充足。
⑧ 厌：满足。
⑨ 府种：通"腑肿"，即浮肿。
⑩ 沈（chén）滞：积滞不通畅。沈，即"沉"。
⑪ 九窍：九孔，包括眼、耳、鼻、口七个阳窍，大、小便处两个阴窍。
⑫ 曲：全部。
⑬ 彭祖：传说彭祖善养生之道，活了八百岁。
⑭ 不可得之为欲，不可足之为求：相当于"欲不可得，求不可足"。
⑮ 跻（jué）然：不坚固的样子。
⑯ 矜：夸耀。
⑰ 德义之缓，邪利之急：相当于"缓德义，急邪利"。
⑱ 以：通"已"，已经。
⑲ 怒：盛，剧烈。
⑳ 君：作动词，给……做君。
㉑ 择：区别。
㉒ 论：指贵生的信念。
㉓ 啬：爱惜。

㉔ 两：两全。
㉕ 尊：酒器。
㉖ 大贵之生：指君主的性命。
㉗ 资：滋养。
㉘ 扰：迷乱。
㉙ 想见：胡思乱想。
㉚ 上：时，时候。
㉛ 颠倒：神经错乱。
㉜ 孙叔敖：蒍（wěi）敖，字孙叔，春秋时期楚国人，最开始隐居在海滨，后来被楚庄王赏识，任用为令尹。荆庄王：即楚庄王，春秋时期楚国国君，芈（mǐ）姓，名旅，为春秋五霸之一。
㉝ 田：打猎。
㉞ 弋：用系着绳子的箭来射。
㉟ 竹帛：竹简和白绢，指称书册。

【译文】

第三：

天生育人而使人有贪心和欲望。欲望产生感情，感情要有节制。圣人遵循节制之法来克制欲望，所以不会过分放纵感情。耳朵想听五声，眼睛想看五色，嘴巴想吃五味，这些都是情欲。人无论是高贵的，还是卑贱的；是愚笨的，还是聪明的；是贤明的，还是不肖的，在面对这三方面的欲望时都一样。就算是神农、黄帝，他们的情欲也跟夏桀、商纣相同。圣人之所以异于一般人，是因为他们懂得控制情欲。从尊生出发而行动，情欲就会适度；反之，情欲就会放纵。这两种对于生命的态度，是决定生死存亡的根本。

世俗的君主不节制情欲，所以动辄灭亡。他们耳朵、眼睛、嘴巴的欲望得不到满足，以致全身浮肿，筋骨积滞，血脉阻塞，九窍空虚，器官全部丧失了正常的机能。这样就算有彭祖在，也无能为力。世俗的君主总想拥有不可得到的事物，追求不可满足的欲望。这不仅大大丧失了生命的根本，还会招致百姓的怨恨指责，给自己树立大敌。他们容易意志动摇，反复无常；夸耀权势，好弄智谋，胸怀欺诈；不顾道义，追逐邪利，最终走投无路。即使事后悔恨，又怎么来得及？他们亲近巧佞的人，疏远正直的人，因此导致国家处于极危险的境地，就算悔过，也已经无法挽回。等到听说国将灭亡时他们才惊恐，却仍然不知道亡国的原因。此后，各种疾病突然暴发，国内叛乱也不断发生。像这样治理百姓，只能给自身带来极大的忧患。以至耳听乐音而不觉得快乐，眼看彩色而不觉得高兴，口吃美味而不觉得香甜，这跟死了又有什么区别呢？

古代得道之人，生命得以长寿，声色美味得以长久地享受，为何？这是因为他们很早就确立了尊生的理念，早一点确立尊生的理念，就可以早一点爱惜生命；早一点知道爱惜生命，精神就不会枯竭。秋天早寒，冬天必定温暖；春天多雨，夏天必定干旱。天地都不能两全，又何况人呢？在这一点上，人与天地一样。万物虽然形状不同，但本性是相同的。因此，古代修身养性与治国的人一定效法天地。

樽中的酒，舀的人多，就消耗得快。万物之中消耗君主生命的太多了，因此君主的生命常常很快就被耗尽。不仅万物消耗君主的生命，为天下人操劳也会损耗君主的生命，而他自己却始终不能察觉。在外虽然功成名就，可是在内生命却已损耗。以致到了最后，耳不能听，眼不能看，嘴不能吃，心中大乱，口说胡话，精神恍惚，临死之时，精神错乱，惊恐不安，行动失常，不知自己在干什么。耗费心力到如此地步，难道不可悲吗？

世上的人臣都把孙叔敖受到楚庄王的赏识当作幸事，但有道之人却不这么认为，他们认为这是楚国的幸运。楚庄王喜欢四处游猎，驰骋射箭，欢乐无遗，但却把治国的艰辛与当诸侯王的忧劳推给了孙叔敖。孙叔敖日夜操劳，顾不上养生之事，因此，才使楚庄王的功绩载于史册，流传后世。

当　染

四曰：

墨子见染素丝①者而叹曰："染于苍则苍，染于黄则黄，所以入者②

变，其色亦变，五入而以为五色矣。"故染不可不慎也。

非独染丝然也，国亦有染③。舜染于许由、伯阳④，禹染于皋陶、伯益⑤，汤染于伊尹、仲虺⑥，武王染于太公望⑦、周公旦。此四王者，所染当，故王天下，立为天子，功名蔽天地。举天下之仁义显人⑧，必称此四王者。夏桀染于干辛、歧踵戎⑨，殷纣染于崇侯、恶来⑩，周厉王染于虢公长父、荣夷终⑪，幽王染于虢公鼓、祭公敦⑫。此四王者，所染不当，故国残身死，为天下僇⑬。举天下之不义辱人，必称此四王者。齐桓公染于管仲、鲍叔，晋文公染于咎犯、郭偃⑭，荆庄王染于孙叔敖、沈尹筮⑮，吴王阖庐染于伍员、文之仪⑯，越王句践染于范蠡、大夫种⑰。此五君者，所染当，故霸诸侯，功名传于后世。范吉射染于张柳朔、王生⑱，中行寅染于黄藉秦、高强⑲，吴王夫差染于王孙雒、太宰嚭⑳，智伯瑶染于智国、张武㉑，中山尚染于魏义、椻长㉒，宋康王染于唐鞅、田不禋㉓。此六君者，所染不当，故国皆残亡，身或死辱，宗庙不血食㉔，绝其后类，君臣离散，民人流亡。举天下之贪暴可羞人，必称此六君者。

凡为君，非为君而因荣也，非为君而因安也，以为行理㉕也。行理生于当染。故古之善为君者，劳于论人而佚㉖于官事，得其经㉗也。不能为君者，伤形费神，愁心劳耳目，国愈危，身愈辱，不知要㉘故也。不知要故㉙，则所染不当；所染不当，理奚由至？六君者是已。六君者，非不重其国、爱其身也，所染不当也。存亡故㉚不独是也，帝王㉛亦然。

非独国有染也。孔子学于老聃、孟苏、夔靖叔㉜。鲁惠公使宰让㉝请郊庙之礼于天子，桓王使史角㉞往，惠公止之。其㉟后在于鲁，墨子学焉。此二士者，无爵位以显㊱人，无赏禄以利㊲人。举天下之显荣者，必称此二士也。皆死久矣，从属弥众，弟子弥丰，充满天下。王公大人从而显之；有爱子弟者，随而学焉，无时乏绝。子贡、子夏、曾子学于孔子，田子方㊳学于子贡，段干木㊴学于子夏，吴起㊵学于曾子，禽滑釐㊶学于墨子，许犯学于禽滑釐，田系学于许犯㊷。孔墨之后学显荣于天下者众矣，不可胜数，皆所染者得当也。

【注释】

① 素丝：没有染色的生丝。
② 入者：指染料。
③ 染：喻指熏陶、熏染。
④ 许由：古代传说中的高人，字武仲。据说舜想要禅位于许由，许由不愿意接受，隐居到了箕山。伯阳：尧时贤人。
⑤ 皋陶（yáo）：舜的法官。伯益：舜的大臣。
⑥ 汤：商朝建立者，也称天乙，后世称商汤。伊尹：商汤的大臣，名挚，因辅佐汤灭桀有功，被尊为宰相。仲虺（huī）：汤的左相。
⑦ 武王：姬姓，名发，周文王之子，西周建立者。太公望：姜姓，吕氏，名尚，号太公望。姜尚最初在渭水钓鱼被周文王赏识，立他为师。后来，武王尊他为师尚父。因辅佐武王灭商，建立周朝，被封于齐。
⑧ 显人：显达的人。
⑨ 干辛、歧踵戎：二人都是夏桀的大臣。
⑩ 崇侯、恶来：二人都是殷纣的宠臣。
⑪ 周厉王：名胡，因荒淫暴虐而被国人放逐。虢（guó）公长父：周厉王的卿士，名长父。荣夷终：周厉王的卿士，名终。
⑫ 幽王：周幽王，名宫涅（shēng），因宠爱褒姒，"烽火戏诸侯"，失去诸侯信任。前771年，犬戎来犯，周幽王在骊山下被杀，西周灭亡。虢公鼓、祭（zhài）公敦：周幽王的卿士。
⑬ 僇：同"戮"，侮辱，羞辱。
⑭ 晋文公：春秋时期晋国国君，名重耳，春秋五霸之一。咎犯：即狐偃，字子犯。郭偃：即卜偃。
⑮ 沈尹筮：春秋时期楚国大夫。沈尹筮把孙叔敖推荐给楚庄王，才成就了楚

庄王的霸业。

⑯ 阖庐：或作"阖闾"，春秋末年吴国国君，名光。伍员：吴大夫，名员，字子胥，本为楚国人，因父兄被楚平王杀害，逃到吴国。在伍子胥的辅佐下，吴王阖庐击败了楚国。文之仪：吴国大夫，名之仪。

⑰ 句（gōu）践：即勾践，春秋末年越国国君。范蠡（lǐ）：越大夫，名蠡，字少伯，别号陶朱公。大夫种：即文种，字少禽，越大夫。在范蠡与文种的辅佐下，越王勾践卧薪尝胆，发愤图强，最终灭掉了吴国。

⑱ 范吉射：春秋时期晋国卿士。前497年，范氏、中行氏两家联合发难攻打赵氏，结果范氏、中行氏两家反被知氏、赵氏、韩氏、魏氏四家逐出晋国。张柳朔、王生：范吉射的家臣，都死于范氏之难。

⑲ 中行寅：春秋时期晋卿荀寅。黄藉秦、高强：荀寅的两个家臣。

⑳ 夫差：吴王阖庐的儿子。夫差继承王位后，最初带领吴国大败越国，但他听信谗言，没有彻底灭掉越国，还放了越王勾践。后来，勾践卧薪尝胆，用美人计迷惑夫差，最终带领越国灭掉吴国，夫差国灭身死。王孙雒（luò）：吴国大夫。太宰嚭（pǐ）：吴国太宰，伯嚭。

㉑ 智伯瑶：晋国荀首的后人，故又称荀瑶，晋哀公时为执政大臣。智国、张武：智氏的两个家臣。智国、张武劝说智伯联合韩、魏，将赵襄子围困在晋阳，但韩、魏、赵三家暗地联合，反过来灭掉了智氏。

㉒ 中山：春秋国名，最后被魏国所灭。尚：人名，疑为中山最后一名国君中山桓公。魏义、偃长：中山国的两个大夫。

㉓ 宋康王：战国时期宋国末君，名偃，因荒淫贪暴，被诸侯称为"桀宋"，最后被齐、楚、魏三国所灭。唐鞅、田不禋（yīn）：宋国大夫。

㉔ 血食：指受人祭祀。古代祭祀用牲，故称血食。

㉕ 理：道理，义理。

㉖ 论：选择。佚：通"逸"，安闲。

㉗ 经：道，指正确方法。

㉘ 要：切要，关键。

㉙ 故：承接上文。

㉚ 故：本来。
㉛ 帝王：指前文所列举的舜、禹、汤、武王等。
㉜ 孟苏、夔（kuí）靖叔：两位都是春秋时期的贤人。
㉝ 鲁惠公：春秋时期鲁国国君，名弗皇。宰让：鲁大夫。
㉞ 桓王：应为"平王"。史角：史官，名角。
㉟ 其：指史角。
㊱ 显：使动用法，使……显赫。
㊲ 利：使动用法，使……得利。
㊳ 田子方：战国时魏国贤士，魏文侯尊他为师。
㊴ 段干木：战国时魏国隐士，魏文侯很尊重他。
㊵ 吴起：战国时魏国人，起先是魏文侯的将军，魏文侯死后，受人陷害，逃到楚国，辅佐楚悼王变法图强。
㊶ 禽滑（gǔ）釐（读音未详）：墨子的徒弟。也作"禽滑厘""禽滑黎"。
㊷ 田系、许犯：墨家后学弟子。

【译文】

第四：

墨子看到染素丝时叹息道："放入青色染料，素丝就变成青色；放入黄色染料，素丝就变成黄色。染料变了，素丝的颜色也会随着变化，染五次就会有五种颜色。"所以，染色不能不慎重啊。

不仅染丝要慎重，国家也有类似染丝的情形。舜受到许由、伯阳的熏染，禹受到皋陶、伯益的熏染，商汤受到伊尹、仲虺的熏染，周武王受到太公望、周公旦的熏染。这四位帝王，因为所受的熏染得当，所以能够称王天下，被立为天子，功名盖过天地。凡是列举天下仁义、显达之人时，都会首先推举这四位帝王。夏桀受到干辛、歧踵戎的熏染，殷纣受到崇侯、恶来的熏染，周厉王受到虢公长父、荣夷终的熏染，周幽王受到虢公鼓、祭公敦的熏染。这四位君王，因为所受的熏染不得当，最后国破身死，被天下人耻笑。凡是列举天下不义、蒙受耻辱之人时，都会列举这四位君王。齐桓公受管仲、鲍叔牙的熏染，晋文公受咎犯、卜偃的熏染，楚庄王受孙叔敖、沈尹筮的熏染，吴王阖庐受伍员、文之仪的熏染，越王勾践受范蠡、文种的熏染。这五位君主，因为所受的熏陶合宜得当，所以能称霸诸侯，功名流传后世。范吉射受张柳朔、王生的熏染，中行寅受黄藉秦、高强的熏染，吴王夫差受王孙雒、太宰嚭的熏染，智伯瑶受智国、张武的熏染，中山尚受魏义、偃长的熏染，宋康王受唐鞅、田不禋的熏染。这六位君主，因为所受的熏染不得当，最后国家破灭，他们有的被杀，有的受辱，宗庙被毁，不再受人祭祀，子孙断绝，君臣离散，人民流亡。凡列举天下贪婪残暴、蒙受耻辱之人时，都会列举这六位君主。

作为君王，不是为了获得显荣，也不是为了获得安逸，而是为了施行大道。君王大道的施行来源于被熏染得当。所以古代善于为君的人，把精力花费在选贤任能上，对于官署政事则安然置之，这是掌握了为君的正确方法。不善于为君的人，损身伤神，心中忧虑，耳目劳累，但国家却越来越危险，自身也蒙受越来越多的耻辱，这是因为不知道为君的正确方法。不知道为君的正确方法，所受的熏染就不会得当。所受的熏染不得当，大道从哪里来呢？上文的六个君主就是这样，他们不是不重视国家，也不是不爱惜自己，而是他们所受的熏染不得当啊。所受的熏染是否得当关系到国家存亡，不仅诸侯如此，帝王也是一样。

不仅国家有类似于染丝的情况，士也有。孔子向老聃、孟苏、夔靖叔学习。鲁惠公派宰让向天子请示郊祭、庙祭礼仪，周平王派史官角前去鲁国督办，鲁惠公因赏识而留下了他。后来，他的后人在鲁国声名显赫，墨子向他的后人学习。孔子、墨子没有爵位来使别人显赫，没有赏赐俸禄来给别人带来好处，但是，当列举天下显赫荣耀之人时，都会首先称举这二位贤士。虽然他们都死了很久，但追随他们的人却越来越多了，他们的弟子众多，遍布天下，王公贵族因而宣扬他们的学说；那些爱怜子弟的人，让他们的子弟跟随孔墨的门徒学习，一直没有中断过。子贡、子夏、曾子向孔子学习，田子方向子贡学习，段干木向子夏学习，吴起向曾子学习。禽滑釐向墨子学习，许犯向禽滑釐学习，田系向许犯学习。孔墨门派的后人在天下显贵尊荣的太多了，数也数不尽，这都是因为他们受的熏染得当啊。

季春纪

季　春

一曰：

季春之月，日在胃①，昏七星②中，旦牵牛③中。其日甲乙，其帝太皞，其神句芒，其虫鳞，其音角，律中姑洗④。其数八，其味酸，其臭膻，其祀户，祭先脾。桐⑤始华，田鼠化为鴽⑥；虹始见⑦，萍⑧始生。天子居青阳右个⑨，乘鸾辂，驾苍龙，载青旂，衣青衣，服青玉，食麦与羊，其器疏以达。

是月也，天子乃荐鞠衣⑩于先帝，命舟牧⑪覆舟，五覆五反，乃告舟备具于天子焉。天子焉始乘舟。荐鲔⑫于寝庙，乃为麦祈实。

是月也，生气方盛，阳气发泄，生⑬者毕出，萌者尽达，不可以内⑭。天子布德行惠，命有司发仓窌⑮，赐贫穷，振⑯乏绝，开府库，出币帛，周⑰天下，勉诸侯，聘名士，礼贤者。

是月也，命司空⑱曰："时雨⑲将降，下水⑳上腾，循行国邑㉑，周视原野，修利堤防，导达沟渎㉒，开通道路，无有障塞；田猎罼㉓弋，罝罘罗网㉔，喂兽之药㉕，无出九门㉖。"

是月也，命野虞无伐桑柘㉗。鸣鸠㉘拂其羽，戴任㉙降于桑，具栚曲籧筐㉚。后妃斋戒，亲东乡躬桑。禁妇女无观㉛，省㉜妇使，劝㉝蚕事。蚕事既登㉞，分茧称丝效功㉟，以共郊庙之服，无有敢堕㊱。

是月也，命工师[37]令百工审五库之量，金铁、皮革筋、角齿、羽箭干[38]、脂胶丹漆，无或[39]不良。百工咸[40]理，监工[41]日号，无悖于时，无或作为淫巧，以荡上心。

是月之末，择吉日，大合乐[42]，天子乃率三公、九卿、诸侯、大夫，亲往视之。

是月也，乃合累牛、腾马、游牝于牧[43]。牺牲驹犊[44]，举书[45]其数。国人傩[46]，九门磔[47]禳，以毕[48]春气。

行之是令，而甘雨至三旬。

季春行冬令，则寒气时发，草木皆肃，国有大恐；行夏令，则民多疾疫，时雨不降，山陵不收；行秋令，则天多沉阴，淫雨早降，兵革并起。

【注释】

① 胃：星宿名，二十八宿之一。

② 七星：星宿名，即星宿，二十八宿之一。

③ 牵牛：星宿名，即牛宿，二十八宿之一。

④ 姑洗（xiǎn）：十二律之一，属阳律。

⑤ 桐：梧桐树。

⑥ 鴽（rú）：鹌鹑一类的鸟。

⑦ 见：出现。

⑧ 萍：浮萍。

⑨ 青阳右个：东向明堂的右侧室。

⑩ 鞠衣：指后妃们躬桑时穿的黄色衣服。

⑪ 舟牧：主管船只的官。

⑫ 鲔（wěi）：鱼名，即鲟鱼。

⑬ 生：应作“牙”，萌芽。

⑭ 内（nà）：纳入，指纳入财物。
⑮ 有司：主管官吏。窌（jiào）：地窖。
⑯ 振：即"赈"，救济。
⑰ 周：周济。
⑱ 司空：主管土地、建筑、道路等事务的官员。
⑲ 时雨：应时之雨。
⑳ 下水：指地下水。
㉑ 循：巡视。国邑：国都和城邑。
㉒ 沟渎：沟渠。
㉓ 罼（bì）：长柄网。
㉔ 罝罦（jū fú）：捕兔的网。罗：捕鸟的网。
㉕ 喂兽之药：指毒杀野兽的药。
㉖ 九门：指东方三门之外的南、西、北三方九个城门。天子的都城有十二个城门，东方主生养，狩猎时不许从东方三门出城。
㉗ 野虞：主管山林田野的官员。柘：柘树，叶子可以用来饲养蚕。
㉘ 鸣鸠：斑鸠。
㉙ 戴任：鸟名。
㉚ 具：准备。桋（zhèn）曲簾（jǔ）筐：采桑养蚕的用具。
㉛ 观：游观。
㉜ 省：减少。
㉝ 劝：劝勉，鼓励。
㉞ 登：完成。
㉟ 效功：考核功效。
㊱ 堕：同"惰"，懈怠，懒惰。
㊲ 工师：统领百工的官员。
㊳ 箭干：箭杆。
㊴ 或：语气词。
㊵ 咸：皆，都。

㊶ 监工：监督百工的官，曰工师担任。
㊷ 大合乐：孟春之月，乐正入太学教国子练习舞蹈。仲春上旬丁日，乐正又入太学教国子练习舞蹈。中旬丁日，又入太学教国子练习音乐。季春时举行"合乐"。
㊸ 合：使动用法，使牝牡交合。羸（léi）牛：公牛。腾马：公马。
㊹ 驹：小马。犊：小牛。
㊺ 书：记载。
㊻ 傩（nuó）：驱除疫鬼的祭祀。
㊼ 磔（zhé）：割裂牺牲。
㊽ 毕：完毕。

【译文】

第一：

季春三月，太阳的位置在胃宿。日落时，星宿出现在南方中天；日出时，牛宿出现在南方中天。春天的第三个月在天干排序中属甲乙，主宰之帝为太皞，佐帝之神为句芒，对应的动物为龙鱼之类的鳞族，对应的声音为中和的角音，对应的音律为姑洗。对应的数字为八，对应的味道为酸味，对应的气味为膻气，要举行的祭祀为户祭，祭祀时祭品以脾脏为尊。春天的第三个月时，梧桐树开始开花，鼹鼠变成鹌鹑之类的鸟，彩虹出现，浮萍长出。天子要居住在东向明堂的右侧室，乘坐鸾辂，用青马驾车，插青色的龙纹旗帜，穿青色的衣服，佩戴青色的饰玉，食用麦子和羊肉，使用纹理空疏而通达的器物。

这个月，天子要向太皞等先帝进献桑黄色的衣服，祈求蚕事如意。要命令舟牧把船底翻过来反复检查多次，才能向天子报告船只齐备。天子才开始乘船向祖宗进献鲔鱼，以祈求麦子籽实饱满。

这个月，生养之气正盛，阳气向外发散，植物的嫩芽都长出来了，这个时候，朝廷不能收纳赋税。天子要施德行惠，命官吏开粮仓，开地窖，将粮食赏赐给贫困的人，赈救无食无衣之人；要打开国库，拿出钱财，周济天下；还要劝勉诸侯，鼓励他们聘用名士，礼遇贤人。

这个月，天子要命令司空："应季的雨水要按时降落，地下的水要向上翻涌，要巡视国都和城邑，视察原野，修整堤防，疏通沟渠，开通道路，以除去障碍壅塞。打猎所需要的各种网具和毒杀野兽的药不能带出城去。"

这个月，天子要命令主管山林的官吏禁止人们砍伐桑树、柘树。因为此时斑鸠刚开始振翅高飞，戴任刚在桑间筑巢。还要准备好蚕薄、放蚕薄的支架以及各种采桑的筐篮。王后王妃斋戒身心后，亲自去东边的郊野采摘桑叶。要禁止妇女去游玩观赏，同时减少她们的杂役，鼓励她们采桑养蚕。蚕事完成后，把蚕茧分给妇女，让她们缫丝，然后称丝轻重，考核她们的功效，以供祭天祭祖时祭服的需要，不能懈怠。

这个月，天子要命令主管百工的官吏让百工仔细检查各种库房中器材的数量和质量，金铁、皮革兽筋、兽角兽齿、羽毛箭杆、油脂粘胶、丹砂油漆，不能少了或坏了。百工都要尽职尽责，监工每日发布号令，以使所制器物不违背时宜，且不能制作过分奇巧的器物来诱惑君王。

这个月的月末，乐师要择吉日进行大规模的音乐舞蹈会演，到时天子要亲自率领三公、九卿、诸侯、大夫前去观看。

这个月，要使公牛、公马与母牛、母马在放牧中交配。要选出祭祀用的马驹牛犊，并记下它们的头数。国人要举行傩祭，在九门宰杀牲畜，祛除邪恶，以此来结束春气。

施行应时的政令，雨水就会在三旬及时降落。

季春如果施行应在冬天推行的政令，那么，寒气就会频频发生，草木就会枝叶萧疏，国人就会惶恐不安；如果施行应在夏天施行的政令，那么，民间就会流行瘟疫，雨水就不能应时降落，山坡上的庄稼就不能成熟和丰收；如果施行应在秋天施行的政令，那么，天气就会经常阴晦，淫雨就会早来，战事就会频发。

浸种

稻谷种子发芽较慢，在播种前，对种子进行浸种，除了能促进种子较快发芽外，还能杀死一些虫卵和病毒。

耕

《说文解字》：「犁，耕也。人用以发土。亦谓之耕。」可知，耕指犁田、翻地。

耙

耙，同「钯」，一种有齿和长柄的农具。用以耙梳、聚拢，多用竹、木或铁等制成。

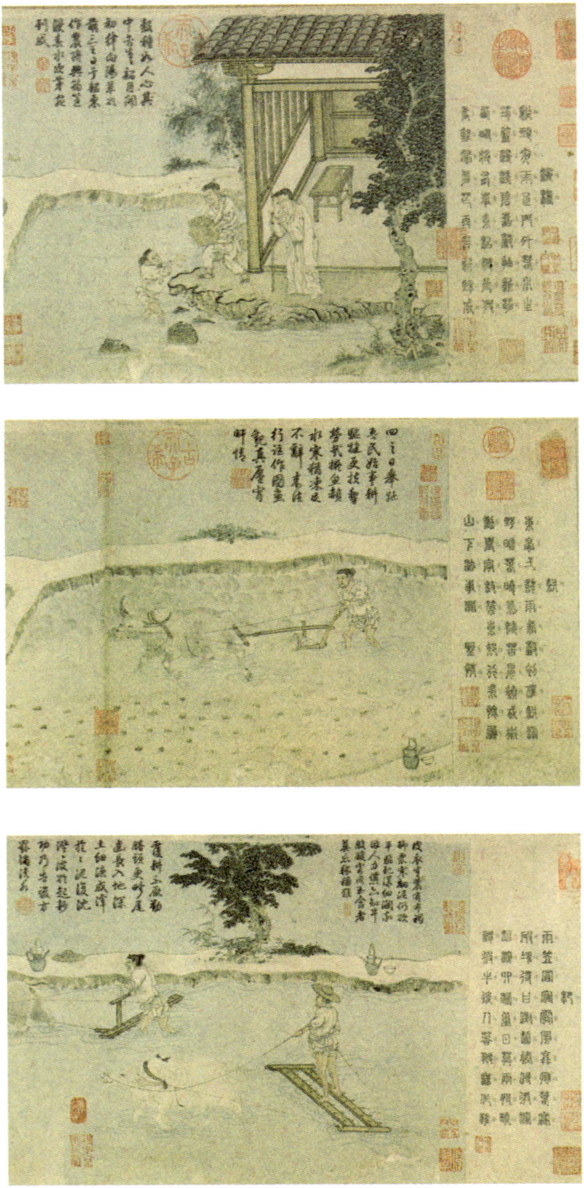

《耕织图》（局部）
（南宋）楼璹 / 原作 （元）程棨 / 临摹 收藏于美国赛克勒美术馆

《耕织图》含耕作图和蚕织图两卷，是中国古代帝王为劝课农桑，用绘画的方式详细地记录耕作与蚕织的系列图谱。因其「图绘以尽其状，诗文以尽其情」，能更好地起到普及农业生产知识，推广耕作技术，促进社会生产力发展的作用，历来受到皇家重视。早在商周时期，就有天子祭拜先农、行耕耤（jí）礼的制度。每年春天，皇帝或亲自，或遣官前往先农坛祭祀先农，举行耕耤礼。耕耤之前，皇帝还要阅祭先农的祝版，检查耕耤使用的农具。皇后也要亲自躬桑劝蚕。由此形成中国最具代表性的小农经济图景：天子三推，皇后亲蚕，男耕女织。《耕织图》最早由南宋画家楼璹所作，后来被历代皇家看重，多以皇室名义进行摹绘或修订，蔚然成风。

碌碡

碌碡，也称"碌轴"，是中国古代用来碾压的一种畜力农具。碌碡用在稻田耕种中，主要起到平整水田的作用。

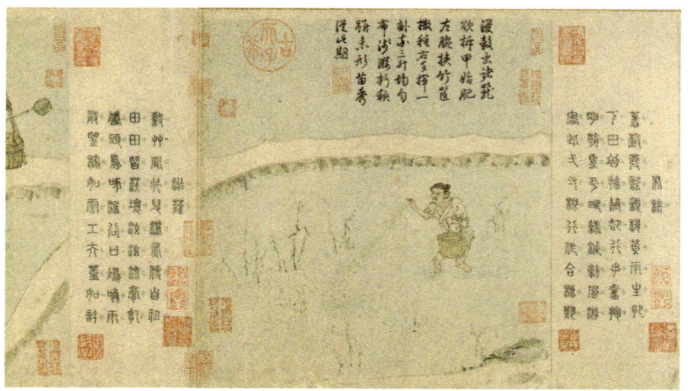

布秧

布秧，就是育秧，秧苗的好坏全赖于此，农谚有"秧好半年粮"的说法。

淤荫

淤荫，指布秧后，秧苗长出来，农民进行田间管理的过程，主要是及时除草、散撒草灰，以此来滋养土地，促苗成长。康熙有诗云："从来土沃藉农勤，丰歉皆由用力分"。

拔秧

秧苗长成后，要及时拔起，另外插到平整好的水田里。

插秧

插秧是水稻种植最为忙碌的一步，通常此时，农民之间要相互帮忙。在民间，第一天插秧，为『开秧门』；最后一天插秧，为『关秧门』。其间，主人要备制酒肉，供客人食用。如诗：『溪南与溪北，啸歌插新秧。抛掷不停手，左右无乱行』。

一耘

《说文解字》：『耘，除田闲秽也。』一耘，指第一次除去田间杂草。

二耘

二耘，主要除去一耘后的宿根性杂草，如芦苇、莎草等。

三耘

三耘，指多次除去杂草。

灌溉

灌溉，指用水浇地。水稻在生长期间对水的需求量非常大，所以需要不停地灌溉，才能保证稻米的质量和产量。

收刈

在中秋节前后，稻熟穗垂，就可以收割。

登场

登场，指将收割下来的稻谷运到稻场上堆积成草垛，稻穗要朝外。

持穗

持穗，就是「打稻子」，一般用连枷抽打稻穗，使其脱粒。

簸扬

簸扬的作用主要是借助风力将不饱满的谷物（秕糠等）筛簸去除。

砻

砻，形状像磨，为去掉稻壳的工具。

舂碓

舂碓，指用杵臼进一步让米从谷壳中脱离。

筛

用筛子筛去舂碓好的大米中细碎的穗渣。

入仓

将大米入仓储存，以备食用。如诗：「仓箱顿满各欣然，补葺牛牢雨雪天。盼到盖藏休暇日，从前拮据已经年。」宣告农民一年的丰收成果。

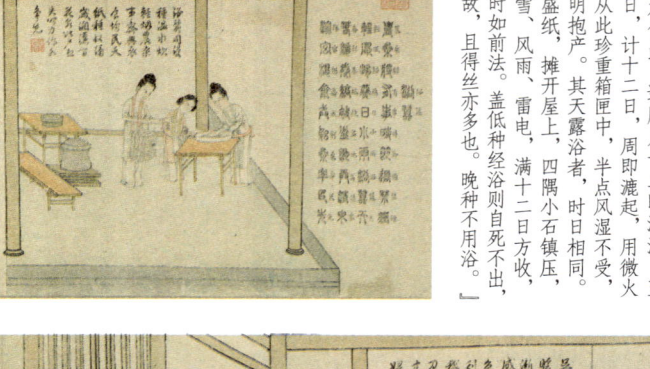

浴蚕

《蚕书》：『蚕为龙精，月直大火（二月）则浴其蚕种。』浴蚕，指用温水浸洗蚕子，以选蚕种。《天工开物·乃服》记载：『凡蚕用浴法，唯嘉、湖两郡。湖多用天露、石灰，嘉多用盐卤水。每蚕纸一张，用盐仓走出卤水二升，参水浸于盂内，纸浮其面。石灰仿此。逢腊月十二即浸浴，至二十四日，计十二日，周即滤起，用微火炡干。从此珍重抱产。其天露浴者，半点风湿不受，直待清明抱产。以篾盘盛纸，摊开屋上，四隅小石镇压，任从霜雪、风雨、雷电，满十二日方收，珍重待时如前法。盖低种经浴则自死不出，不费叶故，且得丝亦多也。晚种不用浴。』

下蚕

也称『下蚕室』，指将选好的蚕种移到温度、湿度等适宜的室内饲养。

喂蚕

一般用鲜嫩的桑叶来喂养，投喂时，需要将桑叶洗净晾干。

一眠

蚕食用桑叶后，迅速成长，体色一般会依次变淡，变白，变青，又渐转为乳白、乳黄色，直至完全停食。停食后，蚕会吐出少量蚕丝，将腹足固定于蚕座，并头胸部昂起，不再运动，这称为『蚕眠』。蚕从收蚁到老熟，一般要经历四次蚕眠。第一次蚕眠时间为一天。

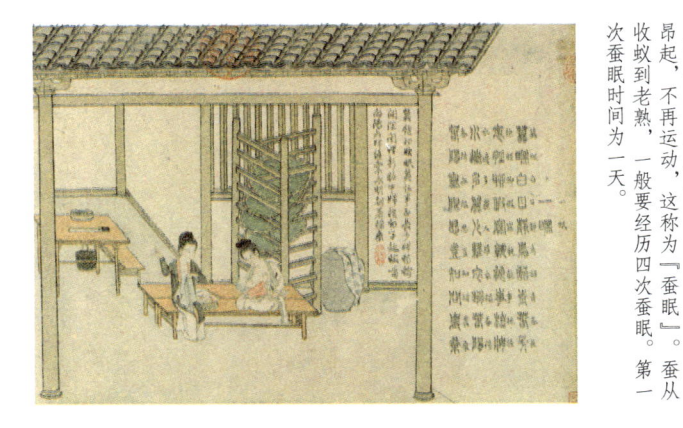

二眠

第二次蚕眠所需时间最短，为二十个小时。

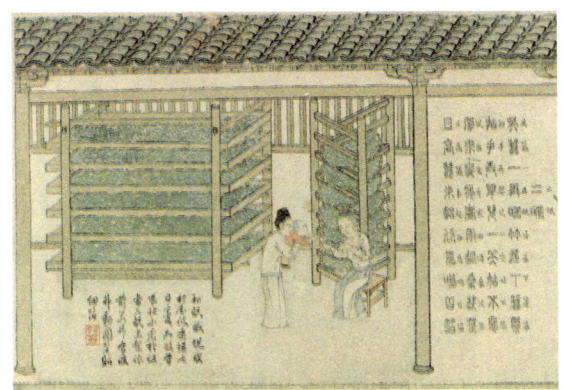

三眠

第三次蚕眠时间与第一次基本相同，约为一天。

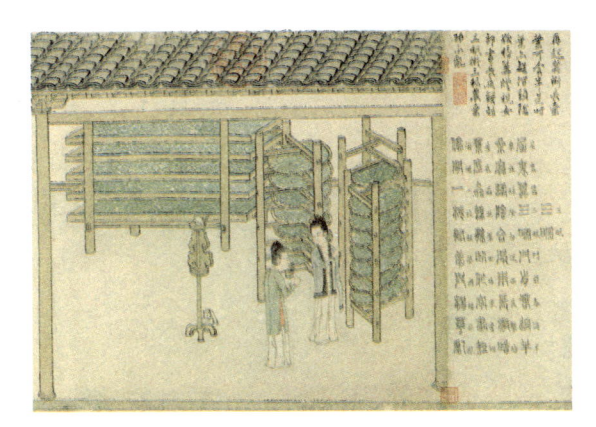

分箔

蚕喜欢温暖、干燥、清洁、安静的环境，因此下蚕之后，要将蚕种放在用蕉苇编织而成的蚕箔上，一个架子放三箔，上承尘埃，下隔湿润，中间置蚕。等蚕种孵化，稍稍长大后，还要再次分箔，以免密度过大。

采桑

采桑也是有讲究的，一般要避开中午焦灼的烈日，在清晨或者傍晚采摘。

大起

睡眠中的蚕，看似静止不动，但体内却在进行蜕皮的准备，等换新皮后，蚕的生长发育就到了另一个龄期。起蚕指的就是刚蜕皮的蚕。大起说的是等大部分蚕蜕皮后，统一给桑饲食。

捉绩

捉绩指在养蚕的过程中，查看蚕的生长情况。

上蔟

蔟，指蚕蔟，一般由稻草扎成，供蚕吐丝作茧，俗称蚕山。上蔟，也称上山，将成熟的蚕放到蚕蔟上吐丝结茧。在结茧过程中，为防止蚕室温度过低，还要用炭盆加温，称为炙箔。

炙箔

炙箔，指通过烧炭烘烤以提高室温，促进蚕结茧、提升丝质的技术。炙箔，既能促进桑蚕尽快定位结茧，又能加速吐丝干燥，可以很好地提升蚕丝品质。

下蔟

将蚕茧从蔟上摘下来。

择茧

对蚕茧进行筛选，优质的茧缫出优质的丝，织出优质的布。据《天工开物》记载，单宫茧（一个茧里只有一只蚕蛹）最适合缫丝，多宫茧多用来制成丝绵填充衣服或被子。

窖茧

为了防止蚕蛹变成蛾破茧而出，有充裕的时间缫丝，采用窖茧的方式杀死蚕蛹，以保存蚕茧。具体操作方法：用大罐子将蚕茧装起来，撒盐，然后用泥密封。

缫丝

缫丝，就是剥茧抽丝。具体操作方法：将蚕茧放到水中煮到松动，找出丝头，然后把五到十个蚕茧抽出的丝合成一根，并缠绕到缫车上。这个过程也叫练丝。

蚕蛾

选取部分蚕茧化成蚕蛾产下蚕种，以供来年饲养。

祀谢

蚕农祭拜蚕神，感谢蚕神在其养蚕过程中的保佑，并祈求来年养蚕顺利。

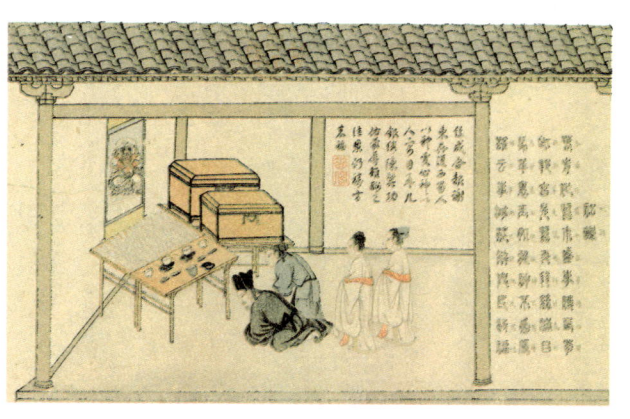

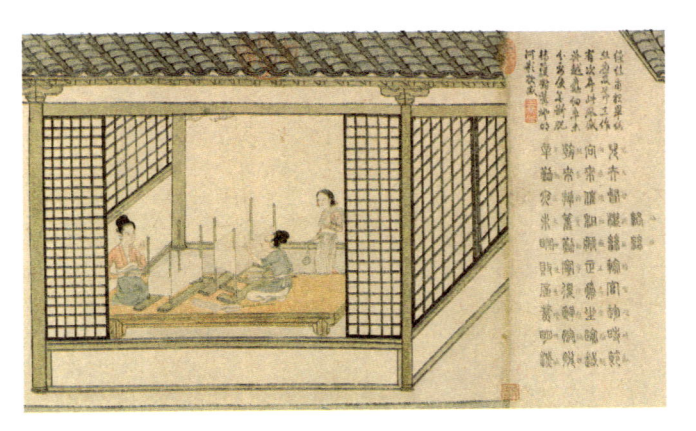

络丝

缫车太大，不方便操作，所以将丝转移到小巧的丝籰（yuè，丝筒）上，同时，这一工序能够除去丝线表面的瑕疵，得到更为细腻的生丝。

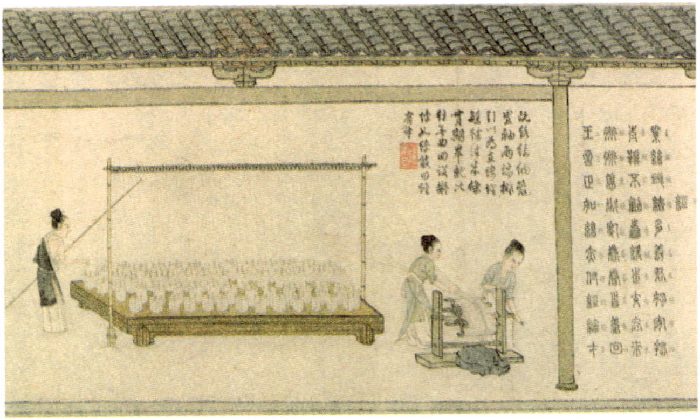

经

在纺织物中，纵向为经线，横向为纬线。在纺织过程中，一般都是先固定好经线，然后操作纬线穿插经线，交织成布。因此，织布的第一个环节为牵经，即确定好织物的长度和宽度后，把经丝均匀地缠绕到经轴上。

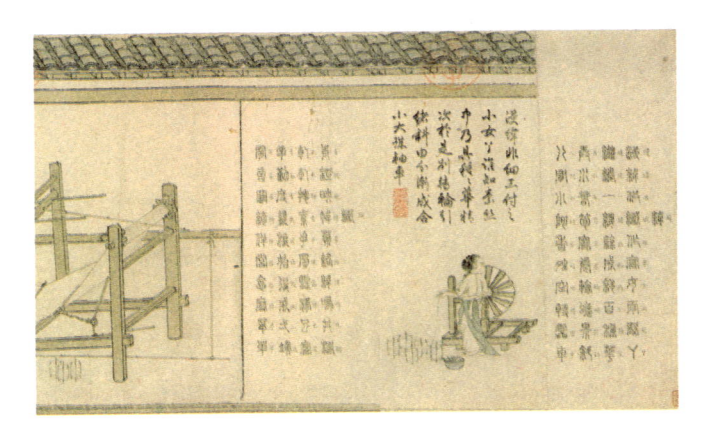

纬

需要通过纺车将多根生丝并在一起，当作纬线使用。在并丝环节中，还可以视情况加捻，加捻就是旋转缠绕加捻，加捻就是旋转缠绕。

织

织布机的两片综片，分别牵连单数和双数的经线。织布时，通过脚踏杆操纵综片的升降，使单、双数经线交替着分开，并通过梭子引导纬线从中穿过。这样织出来的布，为最基础的平纹织物。

攀花

在平纹织物的基础上，再织出复杂的图案，称为攀花或者提花。攀花需要用更为复杂的花楼织机来完成。

剪帛

将织好的面料裁剪成帛，就能做衣物了。

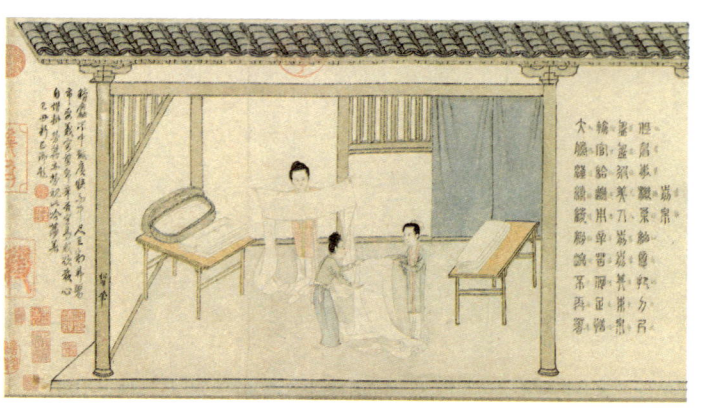

尽　数

二曰：

天生阴阳、寒暑、燥湿、四时之化、万物之变，莫不为利，莫不为害。圣人察阴阳之宜，辨万物之利以便生[1]，故精神安[2]乎形，而年寿得长焉。长也者，非短而续之也，毕其数[3]也。毕数之务，在乎去[4]害。何谓去害？大[5]甘、大酸、大苦、大辛、大咸，五者充形则生害矣。大喜、大怒、大忧、大恐、大哀，五者接神[6]则生害矣。大寒、大热、大燥、大湿、大风、大霖[7]、大雾，七者动精则生害矣。故凡养生，莫若知本，知本则疾无由至矣。

精气[8]之集也，必有入[9]也。集于羽鸟，与[10]为飞扬；集于走兽，与为流[11]行；集于珠玉，与为精朗[12]；集于树木，与为茂长[13]；集于圣人，与为夐明[14]。精气之来也，因轻而扬[15]之，因走而行之，因美而良之，因长而养之，因智而明之。

流水不腐，户枢不蝼[16]，动也。形气[17]亦然。形不动则精不流，精不流则气郁[18]。郁处头则为肿、为风[19]，处耳则为挶[20]、为聋，处目则为瞑[21]、为盲，处鼻则为鼽、为窒[22]，处腹则为张、为疛[23]，处足则为痿、为蹷[24]。

轻水[25]所，多秃与瘿[26]人；重水[27]所，多尰与躄[28]人；甘水所，多好与美[29]人；辛水[30]所，多疽与痤[31]人；苦水所，多尪与伛[32]人。

凡食，无强厚[33]，烈味重酒[34]，是之谓疾首[35]。食能以时，身必无灾。凡食之道，无饥无饱，是之谓五藏之葆[36]。口必甘味，和精端容，将[37]之以神气，百节虞[38]欢，咸[39]进受气。饮必小咽，端直无戾[40]。

今世上卜筮祷祠[41]，故疾病愈来。譬之若射者，射而不中，反修于招㊷，何益于中？夫以汤㊸止沸，沸愈不止，去其火则止矣。故巫医毒药㊹，逐除治之，故古之人贱之也，为其末也。

【注释】

① 便生：为生命带来益处。
② 安：止，守。
③ 毕：使动用法，使……尽。数：指寿数，自然寿命。
④ 去：避开，去除。
⑤ 大：指过度。
⑥ 接神：与精神接合。
⑦ 霖：霖雨，连绵大雨。
⑧ 精气：指形成万物的阴阳元气。
⑨ 入：指所入的形体。
⑩ 与：相当于"因"，凭借。
⑪ 流：流动，这里引申为行走。
⑫ 精朗：当作"精良"。
⑬ 茂长：茂盛生长。
⑭ 夐（xiòng）明：聪明睿智。夐，远。
⑮ 因：依靠。扬：使动用法，使……飞翔。
⑯ 户枢：门的转轴。蝼：蝼蛄，天蝼。秦国、晋国称为"蠹（dù）"，这里指生蛀虫。
⑰ 气：我国古医家认为，"气"是人体新陈代谢、内部机能活动的原动力。
⑱ 郁：郁结，滞积。
⑲ 处：在。肿、风：都是头部疾病。肿，指头肿。风，指面肿。
⑳ 揭（jū）：耳病。
㉑ 曖（miè）：眼眶红肿。
㉒ 觩（qiú）、窒：指鼻道堵塞不通。
㉓ 张、疛（zhǒu）：腹部疾病。张，腹胀。疛，小腹疼痛。

㉔ 痿、蹶（jué）：脚病。

㉕ 轻水：含盐分及其他矿物质过少的水。

㉖ 瘿（yǐng）：颈部生囊状瘤。

㉗ 重水：与"轻水"相对。

㉘ 尰（zhǒng）：脚肿。躄（bì）：不能行走。

㉙ 好、美：指身体健美。

㉚ 辛水：味道辛辣的水。

㉛ 疽：毒疮。轻症为痈，重症为疽。痤：痈。

㉜ 尪（wāng）：骨骼弯曲的病症。伛：脊背弯曲。

㉝ 强厚：指味道厚重的食物，即"烈味""重酒"。

㉞ 烈、重：浓烈。

㉟ 疾首：疾病最初的原因。

㊱ 五藏：即五脏，指脾、肺、肾、肝、心。葆：安。据《素问·玉机真藏论》，"胃为五藏之本""五藏皆禀气于胃"，所以"食之道，无饥无饱，是之谓五藏之葆"。

㊲ 将：养。

㊳ 百节：指全身关节。虞：娱，舒适。

㊴ 咸：都。

㊵ 戾：乖戾。在此指扭转。

㊶ 上：尚，崇尚。卜筮：卜用龟甲，筮用蓍（shī）草。祷祠：祈神求福为祷，得福后祭神报谢叫祠。

㊷ 招：箭靶。

㊸ 汤：开水。也指热水。

㊹ 毒药：指治病的药物，其味多苦辛，故称毒药。

【译文】

第二：

天生出阴阳、寒暑、燥湿，以及四时的更替、万物的变化，这些没有一样不给人带来益处，也没有一样不给人带来危害。圣人能洞察阴阳变化的合宜之处，辨识万物有利的一面来养生。所以，他们的精神安守在形体之中，寿命得以长久。所谓寿命长久，不是延续本就短暂的寿命，而是使寿命尽数，就是终其天年。尽数的关键在于避害。什么叫避害？过甘、过酸、过苦、过辛、过咸，这五种味道充盈形体，生命就会受到危害。过喜、过怒、过忧、过恐、过哀，这五种情绪与精神交接，生命就会受到危害。过寒、过热、过燥、过湿、过多的风、过多的雨、过多的雾，这七种气候环境动摇人的精气，生命就会受到危害。所以，凡是养生，没有比懂得侵害生命的根本更重要的了，懂得了这个根本，疾病就无从产生。

精气聚集，必定要有可寄托的形体。聚集于飞鸟时，为飞翔；聚集于走兽时，为行走；聚集于珠玉时，为精美；聚集于树木时，为繁茂；聚集于圣人时，为智慧。精气到来，寄托在轻盈的形体上便使它飞翔，寄托在可以跑动的形体上便使它行走，寄托在具有美好特性的形体上便使它精美，寄托在具有生长特性的形体上便使它繁茂，寄托在具有智慧的形体上便使它聪明。

流动的水不会腐臭变质，经常转动的门轴不会被虫蛀，这都是不断运动的缘故。人的形体、精气也是一样。形体不运动，形体内的精气就不运行；精气不运行，气就滞积。气滞积在头部就造成肿疾、风疾，滞积在耳部就造成挶疾、聋疾，滞积在眼部就造成矇疾、盲疾，滞积在鼻部就造成鼽疾、窒疾，滞积在腹部就造成胀疾、疛疾，滞积在脚部就造成痿疾、蹶疾。

生活在轻水地区的人，大多患有秃头和颈瘤；生活在重水地区的人，大多患有脚肿和痿躄；生活在甘水地区的人，大多美丽和健康；生活在辛水地区的人，大多患有疽疮和痈疮；生活在苦水地区的人，大多患有鸡胸和驼背。

凡是饮食，不要口味过重，不吃厚味，不饮烈酒，厚味烈酒是疾病的首因。饮食能应时节制，身必无灾。饮食的原则，要不饥不饱，这能使五脏协调安适。食物一定要可口，进食时，要精神和谐，仪容端正，用精气来养食欲，这样就会全身舒适愉快，形体就能受到精气滋养。饮时，要小口下咽，要坐端正，不要歪斜。

如今世人崇尚占卜祈祷，但患病的人反而越来越多。这就像射箭的人，没有射中箭靶，不去纠正自己的问题，反而去调整箭靶的位置，这对射中箭靶有什么帮助呢？用开水阻止水的沸腾，沸腾越发阻止不住，如果撤去下面的火，沸腾自然就止住了。巫医调配的药只能祛除病而不能去除病因，所以被古人轻视，因为对于养生来说那只是细枝末节呀。

圜 道

五曰：

天道圜①，地道方②。圣王法③之，所以立上下④。何以说天道之圜也？精气一上一下，圜周复杂⑤，无所稽⑥留，故曰天道圜。何以说地道之方也？万物殊类殊形，皆有分职，不能相为，故曰地道方。主执圜，臣处方，方圜不易，其国乃昌。

日夜一周⑦，圜道也。月躔⑧二十八宿，轸与角属⑨，圜道也。精行四时⑩，一上一下，各与遇⑪，圜道也。物动则萌，萌而生，生而长，长而大，大而成，成乃衰，衰乃杀⑫，杀乃藏⑬，圜道也。云气西行，云云然⑭，冬夏不辍⑮；水泉东流，日夜不休；上⑯不竭，下⑰不满，小为大⑱，重为轻⑲，圜道也。黄帝曰："帝无常处⑳也，有处者乃无处也。"以言不刑蹇㉑，圜道也。人之窍九，一有所居则八虚㉒，八虚甚久则身毙。故唯而听，唯止㉓；听而视，听止：以言说一㉔。一不欲㉕留，留运为败，圜道也。一㉖也齐至贵，莫知其原，莫知其端，莫知其始，莫知其终，而万物以为宗㉗。圣王法之，以全其性㉘，以定其生，以出号令。令出于主口，官职受而行之，日夜不休，宣通下究㉙，澹㉚于民心，遂㉛于四方，还㉜周复归，至于主所，圜道也。令圜，则可不可，善不善㉝，无所壅矣。无所壅者，主道通也。故令者，人主之所以为命也，贤不肖、安危之所定也。

人之有形体四枝㉞，其能使之也，为其感㉟而必知也。感而不知，则形体四枝不使矣。人臣亦然。号令不感，则不得而使矣。有之而不使，不若无有。主也者，使非有㊱者也，舜、禹、汤、武皆然。

先王之立高官也，必使之方，方则分定，分定则下不相隐。尧舜，贤主也，皆以贤者为后，不肯与其子孙，犹若㊲立官必使之方。今世之人主，皆欲世㊳勿失矣，而与其子孙，立官不能使之方，以私欲乱之也，何哉？其所欲者之远，而所知者之近也。今五音之无不应也，其分审㊴也。宫、徵、商、羽、角㊵，各处其处，音皆调均㊶，不可以相违，此所以无不受㊷也。贤主之立官有似于此。百官各处其职、治其事以待主，主无不安矣；以此治国，国无不利矣；以此备患，患无由至矣。

【注释】

① 圜：通"圆"，指周而复始，运行不穷。
② 方：端平正直。
③ 法：效法。
④ 上：指君。下：指臣民。
⑤ 周：环绕。杂：通"匝"，循环终始。
⑥ 稽：止。
⑦ 日夜一周：太阳一昼夜绕行一周。
⑧ 躔（chán）：指月亮运行与星辰交会。
⑨ 轸与角属（zhǔ）：二十八宿始于角宿，终于轸宿，所以称为"轸与角属"。属，连接。
⑩ 精：精气，即阴阳之气。春夏为阳，秋冬为阴，故"精行四时"。
⑪ 遇：会合。
⑫ 杀：死，灭亡。

⑬ 藏：隐灭不见形迹。
⑭ 云云然：云气回旋的样子。
⑮ 辍：止。
⑯ 上：指水泉。
⑰ 下：指海。
⑱ 小：指泉源。大：指海。
⑲ 重：指水。轻：指云。
⑳ 帝：天，天帝。处：居处。
㉑ 刑蹇（jiǎn）：同"形偃"，颠仆障碍，不能前进。
㉒ 虚：病。
㉓ 唯而听，唯止：应答时如果要听，应答就会停止。
㉔ 说一：专精于一官、一窍。说，通"锐"。
㉕ 欲：应该。
㉖ 一：指道。
㉗ 宗：本源。
㉘ 性：指天性。
㉙ 宣：普遍。究：穷极。
㉚ 瀸（jiān）：合。
㉛ 遂：通达。
㉜ 还（xuán）：旋转。
㉝ 可不可，善不善：使不可者可，使不善者善。第一个"可""善"为使动用法。
㉞ 四枝：四肢。枝，通"肢"。
㉟ 感：触动。
㊱ 非有：非自身具有的东西。
㊲ 犹若：仍然。
㊳ 世：父死子继为世。

㊴ 审：确定。
㊵ 宫、徵、商、羽、角：中国古乐五声音阶的五个阶名，合称为"五音"或"五声"。
㊶ 均：调和。
㊷ 受：应和。

【译文】

第五：

天道圆，地道方。圣王效法天地，来设立君臣上下。如何解释天道圆呢？精气一上一下，环绕往复，循环不已，无所留止，即为天道圆。如何解释地道方呢？万物异类异形，各有职守、名分，不能互相代替，即为地道方。君主掌握圆道，臣民处守方道，方道圆道不颠倒改变，国家才能昌盛。

太阳一昼夜绕行一周，是为圆道。月亮运行依次经过二十八宿，始于角宿，终于轸宿，首尾相接是为圆道。精气四时运行，阴气上腾，阳气下降，相合而生万物，是为圆道。万物有活力就会萌发，萌发后滋生，滋生后成长，成长后壮大，壮大后成熟，成熟后衰败，衰败后死亡，死亡后形迹消失，是为圆道。云气西行，纷绕回旋，冬夏不止；水泉东流，日夜不停；上游的泉源永不枯竭，下游的大海永不满盈，小泉成为大海，重水化为轻云，是为圆道。黄帝说："天帝没有固定的居所。如果有，他就不能无所不在了。"这就是运行不止，是为圆道。人有九窍，如果一窍闭塞，其他八窍就会生病，八窍病得厉害，时间久了，人就会死亡。所以，应答时如果要听，应答就会停止；倾听时如果要看，倾听就会停止。这是说要专精于一官一窍。一官一窍都不应该停滞，停滞就成为祸灾，是为圆道。道是至贵的，没人知道它的来源，没人知道它的终极，没人知道它的开始，也没人知道它的归宿，然而万物都把它当作本源。圣王效法它，用来保全自己的天性，用来安定自己的生命，用来发号施令。号令从君主的口中发出，百官接受而施行，日夜不停，四处下达，深入民间，合于民心，通达四方，然后又旋转回到君主那里，是为圆道。号令的施行符合圆道，就能使不合宜的变得合宜，使不好的变好，这样就不会壅闭了。不会壅闭就是君道畅通呀！所以，君主把号令当作生命来看待，臣下的贤与不肖、国家的安危都由它决定。

人有四肢，人之所以能够支使它们，是因为它们受到触动必定会有感觉。如果它们受到触动而没有感觉，那么它们就不会听从支使了。臣民也是如此。如果他们对君主的号令无动于衷，那么君主就无法支配他们了。不听从支配的臣民，不如没有。所谓君主就是要能支配本不属于自己的臣下，舜、禹、汤、武王都是这样。

先王设立高官，必要使他遵循臣道。遵循臣道，职分才能确定；职分确定，臣下才不会私蔽其上。尧舜是贤明的君主，他们都把贤人作为自己的继承人，而不把帝位传给自己的子孙，但设立官职仍然一定要使它遵循臣道。如今的君主，都想王位世代相传，从而传给自己的子孙。但他们设立官职反而不能遵循臣道，而是用私欲扰乱了臣道，这是为什么呢？因为他们贪求得太远，见识却太短。如今五音无不应和，是因为各自的乐律确定，宫、徵、商、羽、角各处在恰当的位置上，音调准确，就不会有丝毫差误，这就是五音无不应和的缘故。贤主设立官职也与此相似。百官各司其职，治理分内的事，以此来侍奉君主，君主就不会不安宁；以此来治理国家，国家就不会不兴旺；以此来防备祸患，祸患就无从降临。

孟夏纪

孟 夏

一曰：

孟夏之月，日在毕①，昏翼②中，旦婺女③中。其日丙丁④，其帝炎帝⑤，其神祝融⑥，其虫羽⑦，其音徵⑧，律中仲吕⑨。其数七⑩，其性⑪礼，其事⑫视，其味苦，其臭焦，其祀灶⑬，祭先肺。蝼蝈⑭鸣，丘蚓出，王菩⑮生，苦菜秀⑯。天子居明堂左个⑰，乘朱辂⑱，驾赤骝⑲，载赤旂，衣赤衣，服赤玉，⑳食菽㉑与鸡，其器高以觕㉒。

是月也，以立夏。先立夏三日，太史谒之天子曰："某日立夏，盛德在火。"天子乃斋。立夏之日，天子亲率三公九卿大夫，以迎夏于南郊。还，乃行赏、封侯、庆赐，无不欣说。乃命乐师㉓习合礼乐。命太尉赞杰俊，遂㉔贤良，举长大；行爵出禄，必当其位。

是月也，继长增高㉕，无有坏隳㉖。无起土功㉗，无发大众，无伐大树。

是月也，天子始絺㉘，命野虞㉙出行田原，劳农㉚劝民，无或失时；命司徒循行县鄙㉛，命农勉作，无伏㉜于都。

是月也，驱兽无害五谷，无大田猎，农乃升㉝麦。天子乃以彘尝麦㉞，先荐寝庙。

是月也，聚蓄百药，糜草㉟死，麦秋㊱至。断薄刑㊲，决小罪，出轻系㊳。蚕事既毕，后妃献茧，乃收茧税，以桑为均㊴，贵贱少长如一，以给郊庙之祭服。

是月也,天子饮酎[40],用礼乐。

行之是令,而甘雨至三旬。

孟夏行秋令,则苦雨数来,五谷不滋,四鄙[41]入保;行冬令,则草木早枯,后乃大水,败其城郭;行春令,则虫蝗为败,暴风来格[42],秀草不实[43]。

【注释】

① 毕:星宿名,二十八宿之一。
② 翼:星宿名,二十八宿之一。
③ 婺女:星宿名,二十八宿之一,简称"女"。
④ 丙丁:在五行说中,夏季属火,丙丁也属火,故称"其日丙丁"。
⑤ 炎帝:即神农氏,在五行说中,他以火德统治天下,被尊为南方火德之帝。
⑥ 祝融:颛顼氏的后人,名吴回,曾是高辛氏火官,被尊为火德之神。
⑦ 羽:五虫之一,指凤鸟之类的羽族。
⑧ 徵:五音之一。
⑨ 仲吕:十二律之一。
⑩ 七:火的成数。
⑪ 性:情性。
⑫ 事:指修身的事情。
⑬ 灶:指祭祀灶神。
⑭ 蝼蝈:青蛙。《礼记·月令》:"(孟夏之月)蝼蝈鸣,蚯蚓出。"郑玄注:"蝼蝈,蛙也。"
⑮ 王菩:即栝(guā)楼,一种药用植物。
⑯ 秀:开花。
⑰ 明堂左个:南向明堂的左侧室。
⑱ 朱辂:赤红色的车。
⑲ 骝:黑鬣黑尾的红马。

⑳ 乘朱辂……服赤玉：夏属火，其色赤，因此御用器物都要顺应赤色。
㉑ 菽：豆类。
㉒ 觕（cū）：大。
㉓ 乐师：指小乐正，乐官之副职。
㉔ 遂：进。
㉕ 继长增高：指草木生长繁茂。
㉖ 隳（huī）：毁坏。
㉗ 土功：指土木建筑。
㉘ 絺（chī）：细葛布。这里用作动词，指穿细葛布做的衣服。
㉙ 野虞：主管山林的官吏。
㉚ 劳农：勉励农耕。
㉛ 司徒：九卿之一，主管教化。县鄙：二千五百家为县，五百家为鄙。指天子领地之内。
㉜ 伏：藏。
㉝ 升：献。
㉞ 以彘尝麦：用猪肉就麦食用。
㉟ 靡草：即葶苈，一年生草本药用植物。
㊱ 麦秋：麦子成熟的季节。
㊲ 薄刑：轻微的刑罚。
㊳ 出：释放。轻系：罪行不够判刑的犯人。
㊴ 以桑为均：指按桑的多少来均分茧税。
㊵ 酎（zhòu）：春天酿的醇酒。
㊶ 鄙：边邑。
㊷ 格：至，到。
㊸ 秀草：开花的草。实：用作动词，结果实。

【译文】

第一：

孟夏四月，太阳的位置在毕宿。日落时，翼宿出现在南方中天；日出时，女宿出现在南方中天。夏天的第一个月在天干排序中属于丙丁，主宰之帝为炎帝，佐帝之神为祝融，对应的动物为凤鸟之类的羽族，对应的声音为徵音，对应的音律为仲吕；对应的数字为七，对应的情性为礼，对应的养身之法为视；对应的味道为苦味，对应的气味为焦气；对应的祭祀为灶祭，祭祀时祭品以肺脏为尊。夏天的第一个月时，青蛙开始鸣叫，蚯蚓从土里钻出，栝楼长了出来，苦菜开了花。天子要住在南向明堂的左侧室，乘朱辂，驾赤马，插赤色龙纹旗；穿赤服，佩赤色饰玉，食用豆子和鸡肉，使用高大的器物。

这个月开始立夏。立夏前三日，太史要向天子禀告："某日立夏，大德在于火。"天子于是开始斋戒，准备迎夏。立夏当日，天子要亲自率领三公、九卿、大夫到南郊迎夏。礼毕归来，要赏赐功臣，分封爵位和土地，群臣无不欣喜快乐。要命令乐师练习合演的礼乐。要命令太尉向天子禀报才能出众的贤人，举荐德行超群的人、形体高大的人。给的爵位和俸禄，要与他们的职位相匹配。

这个月，万物继续生长壮大，不要毁坏它们，不要动土修建工程，不要征发百姓，不要砍伐大树。

这个月，天子要开始穿用细葛布做的衣服。要命令主管山林田野的官吏出去视察田地原野，并鼓励百姓努力耕作，不误农时；要命令主管教化的官吏巡视天子领地内的各个县邑，并劝勉农夫努力耕作，不要闲散在国都之中。

这个月，天子要下令驱逐野兽，不要让它们损害五谷，不要进行大规模的狩猎。夏天的第一个月，农民要献上新麦，天子要就着猪肉品尝麦食，但在品尝之前要先进献祖庙。

这个月，天子要下令积聚蓄藏各种草药。等葶苈之类的草药枯死后，麦子便会成熟。要对轻刑和轻罪的犯人进行判决，并释放所犯之罪不够判刑的犯人。等蚕桑之事结束后，后妃要向天子献上蚕茧，并向养蚕的人征收茧税，茧税要按照桑树的多少来均分，贵贱长幼一视同仁，以此来供给祭天祭祖时所用的祭服。

这个月，天子要欢宴群臣，饮用酎酒，观看礼乐表演。

施行应时的政令，那么这个月的及时雨就会十天一至。

如果施行应在秋天施行的政令，那么苦雨就会频繁降落，各种谷物就不会生长，边境的百姓就会因敌军侵犯而躲到城堡。如果施行应在冬天施行的政令，那么草木就会过早枯萎，大水就会冲毁城郭。如果施行应在春天施行的政令，那么就会虫螟成灾，大风侵袭，草木就会只开花不结果。

正月 《太簇始和图》轴 （清）丁观鹏

"太簇"对应元月，此图描绘的是建福宫的赏灯景象。乾隆题跋："青帝权衡物纽芽，春台温蔼乐羲车。仙荚七叶人为日，宝胜三珠玉是花。膏泽平铺葱岭雪，祥光浓叠赤城霞。试灯阗阗闻箫鼓，暂许金吾不禁哗。新春试笔之作。"

《十二禁御景图》轴 收藏于台北故宫博物院

月令指农历某个月的气、候和物候。"月令"在上古时期为一种文章体裁，主要是按照一年十二个月的时令，记述朝廷的祭祀礼仪、职务、法令、禁令等，并将其与五行相生的说法相结合。《吕氏春秋》中所记述的月令是最为完整的，后来由礼家抄合十二月纪首章而成《礼记·月令》。《十二禁御景图》描绘的就是清乾隆时期禁御各月时序变化的场景。从中，我们可以大致了解古代宫苑的月令活动。

二月 《夹钟嘉候图》轴 （清）周鲲

乾隆题跋：瓦鸳鸯晓烟笼，仲月春光渐袭融。柳散曲尘临曲岸，梅携雪色试条风。宫中漏永香含篆，池北冰酥日借烘。嗟我良农真少暇，逝将举趾事南东。二月朔日旧作。

三月 《姑洗昌辰图》轴 （清）余省

乾隆题跋：昼长人静读书楼，座有兰芬古与谋。佳景环中惟自会，韶光户外倩谁收。营巢得意梁头燕，命侣忘机水上鸥。出岫白云归亦得，也无欢喜也无愁。季春御园旧作。

四月 《中吕清和图》轴 （清）沈源

乾隆题跋：别院清和六辔停，琴斋潇洒静因宁。楚春花色丁星紫，过雨山容缥缈青。乳窦玉淙声倍壮，绣茵绿缛气犹馨。阶前双栝解人意，送与新阴翠满庭。初夏游玉泉山清音斋小憩作。

五月 《蕤宾日永图》轴 （清）丁观鹏

乾隆题跋：南塘夏五静无涯，不道宜烟雨亦宜。花下人行红散雾，柳边舟泊绿成帷。婆罗弹梵鹤呼侣，玳瑁宣慈燕乳儿。消遣日长书在手，朱明窗外影旋移。仲夏南塘一律。

六月 《林钟盛夏图》轴 （清）周鲲

乾隆题跋：月宇兰漪暑气藏，轻舟偶泛晚风凉。不知今夕是何夕，可爱天光接水光。蝉有清音宜静境，荷无艳味只真香。鸥汀鹭渚萦回处，间出渔歌引兴长。月夜泛舟之作。

七月 《夷则清商图》轴 （清）沈源

乾隆题跋：秋意先秋人尽知，先秋知意果真谁。一番快意田家画，廿首生秋庭里诗。天向澹间无碍逈，云从闲处有余姿。倚岭更笑欧阳子，端向声中构藻思。秋意一律。

秋意先秋人尽知
先秋知意果真谁一番
快意田家画廿首生
秋庭素诗天向澹
间云将迴雲泛间
爰有游马传呼夏
吸欧阳子端向声
中搆藻思
秋意一律

八月 《南吕金行图》轴 （清）丁观鹏

乾隆题跋：菰蒲萧瑟飓秋烟，玉蛛桥边偶放船。俯数游鳞圆沼澈，仰观回雁朔风传。剧怜西昊清凉候，胜读南华十七篇。物物羲经真易简，天机岂待悟鱼鸢。太液池泛舟旧作。

兹禆菰瑟飓秋烟
玉蛛桥边偶放船
俯数游鳞圆沼澈
仰观回雁朔风
传剧悟西昊清凉
候胜读南华十七
篇物物羲经真
易简天机堂待悟
鱼鸢

太液池泛舟旧作

九月 《无射戒寒图》轴 （清）余省

乾隆题跋：性与秋光自觉谙，登高此日畅幽探。荷衣已破无从补，枫颊才红尚未酣。恰好得诗教雁写，不须摘菊倩人簪。晚来静坐寒窗下，即景频频惕九三。九日登高旧作。

十月 《应钟协律图》轴 （清）周鲲

乾隆题跋：文轩复阁小俄延，启缘新秋候已旋。两月风光异尔许，初冬景色又依然。迎霜锦树疏兼密，向晚黄华淡复鲜。每自静观知道妙，无停停处不迁迁。初冬圆明园作。

十一月 《黄钟畅月图》轴 （清）沈源

乾隆题跋：墨沼芸编几席清，云为栋宇玉为京。阳回线暑依然永，影到花楹分外明。瀑泻冰光欺雪素，梅知春意放寒英。端居不为敲诗苦，无限徘徊省岁情。冬至后一日瀛台涵元殿旧作。

十二月 《大吕星回图》轴 （清）余省

乾隆题跋：素积苍枝冻未流，迷离寒景入吟眸。后凋独自撑青盖，中禁群看舞玉虬。不必孙康曾映简，却教苏武得披裘。韶光已漏阳和近，化作恩波满御沟。禁中雪松旧作。

仲夏纪

仲　夏

一曰：

仲夏之月，日在东井①，昏亢②中，旦危③中。其日丙丁，其帝炎帝，其神祝融，其虫羽，其音徵，律中蕤宾④。其数七，其味苦，其臭焦，其祀灶，祭先肺。小暑至，螳螂生，䴗⑤始鸣，反舌⑥无声。天子居明堂太庙，乘朱辂，驾赤骝，载赤旂，衣朱衣，服赤玉，食菽与鸡，其器高以觕，养壮狡⑦。

是月也，命乐师修鼗鞞⑧鼓，均⑨琴瑟管箫，执干戚⑩戈羽，调竽笙⑪埙篪，饬钟磬柷敔⑫。命有司为民祈祀山川百原，大雩⑬帝，用盛乐。乃命百县⑭雩祭祀百辟卿士有益于民者，以祈谷实。农乃登黍。

是月也，天子以雏尝黍⑮，羞以含桃，先荐寝庙。令民无刈⑯蓝以染，无烧炭，无暴布⑰，门闾⑱无闭，关市无索⑲；挺⑳重囚，益其食，游牝㉑别其群，则絷腾驹㉒，班马正㉓。

是月也，日长至㉔，阴阳争，死生分。君子斋戒，处必掩㉕，身欲静，止㉖声色，无或进㉗，薄滋味，无致和，退嗜欲，定心气，百官静，事无径，以定晏㉘阴之所成。鹿角解㉙，蝉始鸣，半夏生，木堇㉚荣。

是月也，无用火南方，可以居高明，可以远眺望，可以登山陵，可以处台榭㉛。

仲夏行冬令,则雹霰伤谷,道路不通,暴兵来至;行春令,则五谷晚熟,百螣㉜时起,其国乃饥㉝;行秋令,则草木零落,果实早成,民殃于疫。

【注释】

① 东井:星宿名,二十八宿之一,简称"井"。
② 亢:星宿名,二十八宿之一。
③ 危:星宿名,二十八宿之一。
④ 蕤宾:十二律之一,属阳律。
⑤ 鵙(jú):伯劳鸟,夏至始鸣,冬至停止,叫声很难听。
⑥ 反舌:百舌鸟,立春始鸣,夏至停止。叫声婉转,如百鸟之音。
⑦ 壮佼:力大强健的人。
⑧ 鼗鞞(táo bǐng):乐曲演奏时,用来定拍子的鼓。
⑨ 均:调节。
⑩ 干:盾。戚:斧。
⑪ 竽笙:管乐器,竽大于笙,竽有三十六簧,笙有十九簧、十三簧之分。
⑫ 磬、柷(zhù)、敔(yǔ):均为打击乐器。
⑬ 雩(yú):古代为求雨举行的祭祀。
⑭ 百县:指天子领地内的百县大夫。
⑮ 以雏尝黍:就着雏鸡肉品尝黍食。
⑯ 刈(yì):割。
⑰ 暴(pù)布:晒布。暴,同"曝"。
⑱ 门:指城门。闾:指里巷的门。
⑲ 关:要塞。无索:指不征税。
⑳ 挺:缓。
㉑ 牝:母兽,在此指母马。因为母马已经怀孕,所以放牧时要将其与群马分开。
㉒ 腾驹:公马。

㉓ 班：颁布。马正：即马政。正，通"政"。

㉔ 日长至：即夏至，一年中这一天白天最长，夜晚最短。

㉕ 掩：深。为避暑气，居处必深。

㉖ 止：禁止。

㉗ 进：进御，指进献嫔妃。

㉘ 晏：阳。

㉙ 解：脱落，指换角。

㉚ 木堇：落叶灌木，花早晨开放晚上闭合。

㉛ 台：高而平的建筑物。榭：台上的高屋。

㉜ 百螣（tè）：指各种类似蝗虫的害虫。

㉝ 饥：荒年。

【译文】

第一：

仲夏五月，太阳的位置在井宿。日落时，亢宿出现在南方中天；日出时，危宿出现在南方中天。夏天的第二个月在天干排序中属于丙丁，主宰之帝为炎帝，佐帝之神为祝融，对应的动物为凤鸟一类的羽族，对应的声音为徵音，对应的音律为蕤宾。这个月的数字为七，味道为苦味，气味为焦气；应举行的祭祀为灶祭，祭祀时，祭品以肺脏为尊。夏天的第二个月时，小暑节气到来，螳螂出现，伯劳鸟开始鸣啭，百舌鸟停止了鸣叫。天子要住在南向明堂的中间正室，乘坐朱辂，驾赤马，插赤色龙纹旗，天子穿赤服，佩戴赤色饰玉，食用豆子和鸡肉，使用高大的器物，供养力大的勇人。

这个月，天子要命令乐师修理鼗鼓鞞鼓，调试琴瑟管箫，制造干戚戈羽，调和竽笙埙篪，整理钟磬柷敔；还要命令官吏为百姓祈雨，祭祀山川水源，用盛大的舞乐进行雩祭；还要命令天子领地内的各县大夫以雩祭来纪念前世有功于百姓的君主公卿，以祈求丰收。农民在这个月要进献黍子。

这个月，天子要就着雏鸡肉品尝黍食，但之前要连同樱桃一起敬献于祖庙。要下令让百姓不要割蓝草来染布，不要伐木来烧炭，不要晒布匹；不关闭城门和闾门,不征收关口和集市的税,善待重刑囚犯,增加他们的餐食。放牧时,要把怀孕的母马与马群分开,拴住公马,以免其踢伤母马,要颁布有关养马的政令。

这个月,夏至到来,阴阳相争,死生相分。君子要斋戒,深居,身要静;天子要禁声色,不许进御嫔妃。要减少美味,不用调和各种滋味;要去掉嗜欲,定心气,让全身器官安静无为,做事不盲动,静待阴阳的成败。夏天的第二个月时,鹿角脱落,知了鸣叫,半夏长出,木槿开花。

这个月,不要在南方用火,可以住楼阁,可以远眺,可以登上山陵,可以休憩于台榭。

仲夏天如果施行应在冬天施行的政令,那么雹霰就会伤害五谷,道路就会不通,暴兵就会来犯。如果施行应该在春天施行的政令,那么五谷就会晚熟,虫害就会频频发生,国家就会遭遇饥荒。如果施行应在秋天施行的政令,那么草木就会零落,果实就会过早成熟,百姓就会遭受疫灾。

五虫

《大戴礼记》:"有羽之虫三百六十,而凤皇为之长;有毛之虫三百六十,而麒麟为之长;有甲之虫三百六十,而神龟为之长;有鳞之虫三百六十,而蛟龙为之长;倮之虫三百六十,而圣人为之长,此乾坤之美类,禽兽万物之数也。"据此,古人将动物分为"倮鳞毛羽昆"五类,合称"五虫"。禽类为"羽虫",以凤凰为首;走兽类为"毛虫",以麒麟为首;甲虫类、水族类等为"昆虫",以灵龟为首;鱼、蜥蜴、蛇等有鳞的动物和有翅的昆虫等为"鳞虫",以蛟龙为首;人类、蚯蚓、青蛙等无毛无鳞的动物为"倮虫"或"臝虫",以圣人为首。

凤凰
佚名　收藏于中国美术馆

凤凰,也称凤鸟、丹鸟、火鸟等,是中国古代传说中的神鸟。凤凰有雌雄之别,雄为"凤",雌为"凰",合称凤凰。关于凤凰的文献记载,最早见于《尚书·虞书·益稷》中的"箫韶九成,凤皇来仪"。在《南山经》《海内西经》《大荒南经》《大荒西经》中都有记载,其中《南山经》中记载最为详细:凤凰栖息在环境美好的丹穴山上,外形像鸡,全身长满五彩斑斓的羽毛,头部花纹是"德"字形状,翅膀花纹是"义"字形状,背部花纹是"礼"字形状,胸部花纹是"仁"字形状,腹部花纹是"信"字形状,饮食自然,自歌自舞,出现则天下安宁。如今看来,凤凰是以雉类为主体,由鹰、孔雀等多种鸟的形象抽象化而来,并最终成为百鸟之王。凤凰反映了原始先民对太阳的崇拜,被视为中华精神之鸟,是祥瑞、太平、永生、爱情和皇权的象征。

麟之趾
集傳麟麢身牛尾馬蹄毛蟲之長也

麒麟
选自《毛诗品物图考》 [日]冈元凤/纂辑 橘国雄/绘 收藏于台北故宫博物院

据《瑞应图》载，麒麟"羊头，狼蹄，圆顶，身有五彩，高一丈二尺"。麒麟原型为黄帝祖神应龙，雄性称麒，雌性称麟。古人认为麒麟出现，必有祥瑞，因此也将其用来比喻才能杰出、德才兼备的人。据说，孔子出生前，有麒麟降临其家，吐出玉书"水精之子孙，衰周而素王"，意为孔子有帝王之德而未居其位。后来，人间就有"麒麟送子"的说法。婴儿出生后，佩戴"麒麟锁"，以此祈祷长命百岁。

灵龟（局部）选自《神龟图》卷 （金）张珪
收藏于故宫博物院

《孙氏瑞应图》：「龟者，神异之介虫也。玄彩五色，上隆象天，下平象地，生三百岁，游于蕖叶之上，三千岁尚在蓍丛之下。明吉凶，不偏不党，尊用耆老，不失故旧则出。」据《策海·大书》记载：「苍颉登阳虚之山，临于元扈洛之水，灵龟负书，丹甲青文，仓帝受之，遂穷天地之变，仰观奎星圆曲之势，俯察龟文、鸟迹、群山、指掌而创文本。」据《异述记》载，龟千岁生毛，五千岁才为神龟，万年才为灵龟。因此，灵龟成为长寿的代名词。

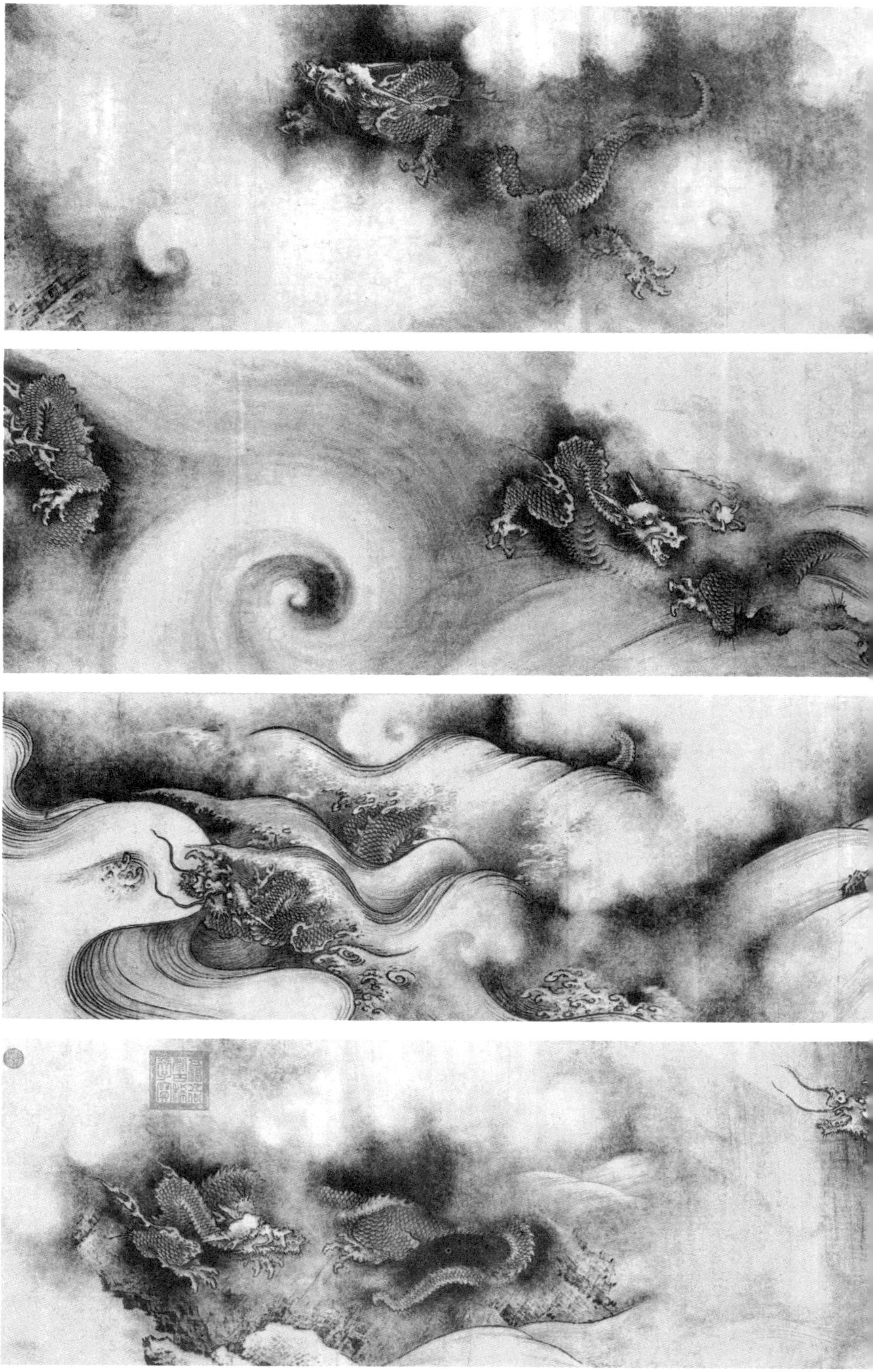

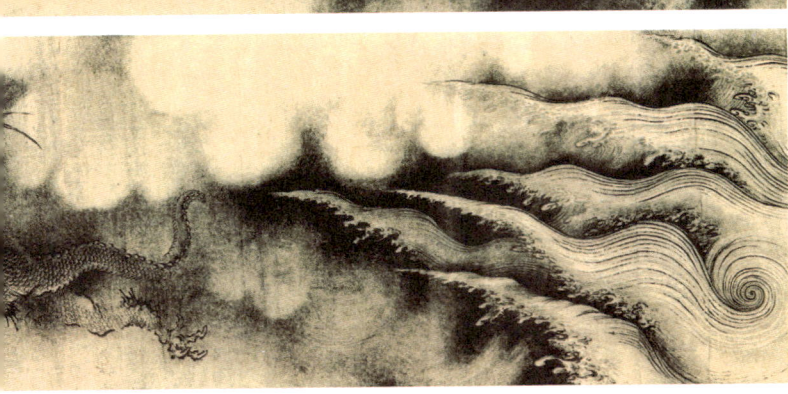

蛟龙（局部）

选自《九龙图》 （南宋）陈容 收藏于美国波士顿美术馆

据《尔雅翼》记载，龙"角似鹿、头似驼、眼似兔、项似蛇、腹似蜃、鳞似鱼、爪似鹰、掌似虎、耳似牛"。据《史记·五帝本纪》记载，黄帝打败炎帝和蚩尤后，巡阅四方，"合符釜山"，从各部落的图腾取一部分元素组合成"龙"，后来成为中华民族的象征。龙会飞，能呼风唤雨。在古代，龙是皇权的象征。

大成至聖文宣王

圣人

选自《至圣先贤半身像》册 （元）佚名

收藏于台北故宫博物院

此为孔子像。《说文解字》：「圣者，通也」。在中国古代，「才德全尽谓之圣人」。圣人是「至善」「至美」的，完备、至善之人。圣人是「至善」「至美」的，他们的言行可以影响一个国家甚至整个世界。在中国人心中，孔子是当之无愧的圣人。孔子（前551—前479），姓子，氏孔，名丘，字仲尼，春秋时期鲁国陬邑（今山东省曲阜市）人。孔子是儒家学派的创始人，倡导仁、义、礼、智、信，一生追求「克己复礼」的「仁」。孔子开中国古代私人讲学的先河，他有弟子三千人，其中出众的有七十二人。孔子曾带着弟子周游列国十四年，向各国君王推荐自己的「德治」「礼治」的政治思想，最终落寞地回到鲁国，继续教书和整理文献。晚年，孔子修订了《诗》《书》《礼》《乐》《易》《春秋》六经。孔子及其弟子的言行语录和思想学说被编为《论语》，成为儒家经典。孔子在中国影响巨大，被后世尊为「大成至圣先师」，入孔庙祭拜。

大　乐

二曰：

音乐之所由来者远矣。生于度量①，本于太一②。太一出两仪③，两仪出阴阳。阴阳变化，一上一下，合而成章④。浑浑沌沌⑤，离则复合，合则复离，是谓天常⑥。天地车轮⑦，终则复始，极⑧则复反，莫不咸当⑨。日月星辰，或疾或徐，日月不同，以尽其行⑩。四时代兴，或暑或寒，或短或长，或柔或刚。万物所出，造⑪于太一，化于阴阳。萌芽始震，凝湴以形。形体有处，莫不有声。声出于和，和出于适⑫。和适先王⑬定乐，由此而生。

天下太平，万物安宁。皆化其上⑭，乐乃可成。成乐有具⑮，必节⑯嗜欲。嗜欲不辟⑰，乐乃可务⑱。务乐有术⑲，必由平出。平出于公，公出于道。故惟得道之人，其可与言乐乎！

亡国戮民，非无乐也，其乐不乐。溺者非不笑也，罪人非不歌也，狂者非不武也，乱世之乐有似于此。君臣失位，父子失处⑳，夫妇失宜，民人呻吟，其以为乐也，若之何哉？

凡乐，天地之和、阴阳之调也。始生人者，天也，人无事焉。天使人有欲，人弗得不求；天使人有恶，人弗得不辟㉑。欲与恶，所受于天也，人不得与㉒焉，不可变，不可易㉓。世之学者，有非乐者㉔矣，安由出哉？

大乐㉕，君臣、父子、长少之所欢欣而说㉖也。欢欣生于平，平生于道。道也者，视之不见，听之不闻，不可为状。有知不见之见㉗、不闻之闻、无状之状者，则几于知之矣。道也者，至精也，不可为形，不可为名，强为之，谓之太一。

故一㉘也者制令，两㉙也者从听。先圣择两法㉚一，是以知万物之情㉛。故能以一听政者，乐君臣，和远近，说黔首㉜，合宗亲㉝；能以一治其身者，免于灾，终其寿，全其天；能以一治其国者，奸邪去，贤者至，成大化㉞；能以一治天下者，寒暑适，风雨时，为圣人。故知一则明，明两则狂。

【注释】

① 度量：指律管的长度、容积等。
② 太一："道"的别称，为天地万物的本原。
③ 两仪：天地。
④ 章：相当于"形"。
⑤ 浑浑沌沌：古人对世界生成前元气状态的想象。
⑥ 天常：自然运行的永恒规律。
⑦ 轮：转动。
⑧ 极：终极。
⑨ 当：适宜。
⑩ 行：指运行的轨迹。
⑪ 造：开始。
⑫ 适：适度。
⑬ 先王：指尧、舜、禹、汤、文王、武王等贤能的君王。
⑭ 上：当作"正"。
⑮ 具：准备。指有条件。
⑯ 节：节制。
⑰ 辟：放纵。
⑱ 务：专心从事。
⑲ 术：方法。
⑳ 失处：与"失位"义近，指丧失各自的本分。
㉑ 辟：避开。同"避"。

㉒ 与（yù）：参与。

㉓ 易：改变。

㉔ 非乐者：指墨家学派，因《墨子》中有《非乐》篇。

㉕ 大乐：盛乐。

㉖ 说：喜悦。

㉗ 不见之见：不见中包含着见。

㉘ 一：指"太一""道"。

㉙ 两：指由"一"派生出的事物。

㉚ 择：弃。法：用。

㉛ 情：实情。

㉜ 黔首：即百姓。战国及秦代对人民的称谓。

㉝ 宗亲：指同母兄弟。也指同宗亲属。

㉞ 大化：广远而深入的教化。

【译文】

第二：

音乐的由来已相当久远了，它产生于度量，本源于太一。太一生天地，天地生阴阳。阴阳变化，一上一下，合成形体。混混沌沌，离而复合，合而复离，这就是自然运行的永恒规律。天地像车轮转动一样运行，终而复始，极而复返，无不得当。日月星辰的运行有快有慢。日月各自运行的轨道不同，但都周而复始地运行在各自的轨道上。四季更迭，有暑有寒，白天有短有长，季节有柔有刚。万物从太一开始，由阴阳生成。因阳而萌芽活动，因阴而凝冻成形。万物形体各有所居，无不有声音。声音来自和谐，和谐来源于合度。先王制定音乐，正是从这个原则出发。

天下太平，万物安宁，一切顺应正道，音乐才可以创作出来。创作音乐是有条件的，必须节制欲望。只有不嗜欲，才能专心于音乐。专心于音乐有方法，那就是必须从平和出发。平和出于公正，公正又出于道。因此，只有得道的人，才可以与他谈论音乐！

被灭亡的国家，被屠戮的人民，不是没有音乐，只是他们的音乐并不表达欢乐。即将淹死的人不是不笑，即将处死的罪人不是不唱歌，精神狂乱的人不是不舞蹈，乱世的音乐与此相似。君臣位置颠倒，父子伦理失常，夫妇不和，百姓困苦呻吟，人在这种情况下创作音乐，又会怎么样呢？

音乐都是天地和谐、阴阳调和的产物。最初人来源于天，人不能参与其事。天赋予人欲望，人才不得不追求；天赋予人憎恶，人才不得不躲避。人的欲望和憎恶秉承于天，人不能参与其事，这是不可变更，不能改易的。世上反对音乐的学者，他们的根据是什么呢？

大乐是君臣、父子、老少都欢欣喜悦的。欢欣出于平和，平和出于道。所谓道，看它，看不见；听它，听不到；描绘，描绘不出来。如果谁懂不见之见、不闻之闻、无状之状，那么他大概就会懂得道了。道最为精妙的地方在于无法描绘出它的形状，无法给它命名，如果硬要给它起个名字，那就勉强叫"太一"吧！

所以，"一"处在限制与命令的地位，"两"处在听从与接受的地位。先圣选择"一"，而抛弃"两"，由此知道万物的情况。因此，如果能以"一"的智慧为政，那么就可以使君臣相悦，远近和睦，人民欢欣，兄弟同心；如果能用"一"的智慧来修养身心，那么就可以免除灾祸，终享天年，保全天性；如果能用"一"的智慧来治理国家，那么就可以远离奸佞之人，亲近贤人，成就大治；如果能用"一"的智慧来治理天下，那么就可以使寒暑适宜，风调雨顺，成为圣人。因此，懂得用"一"就明朗，用"两"就惑乱。

《高山流水图》
选自《人物故事图》册　（明）仇英　收藏于故宫博物院

俞伯牙是晋国人，善于弹琴；钟子期是楚国人，为樵夫。一天，俞伯牙在汉江边上抚琴，打柴的钟子期听了后说："巍巍乎若高山，荡荡乎若流水。"得遇知音，俞伯牙很是感动，二人相谈甚欢，结为金兰，相约明年中秋节再相见。但俞伯牙在约定时间去赴约时，听闻钟子期已经去世，悲痛不已，认为世间再无知音，遂将琴摔碎，从此不再抚琴。这便是"高山流水遇知音"的故事。

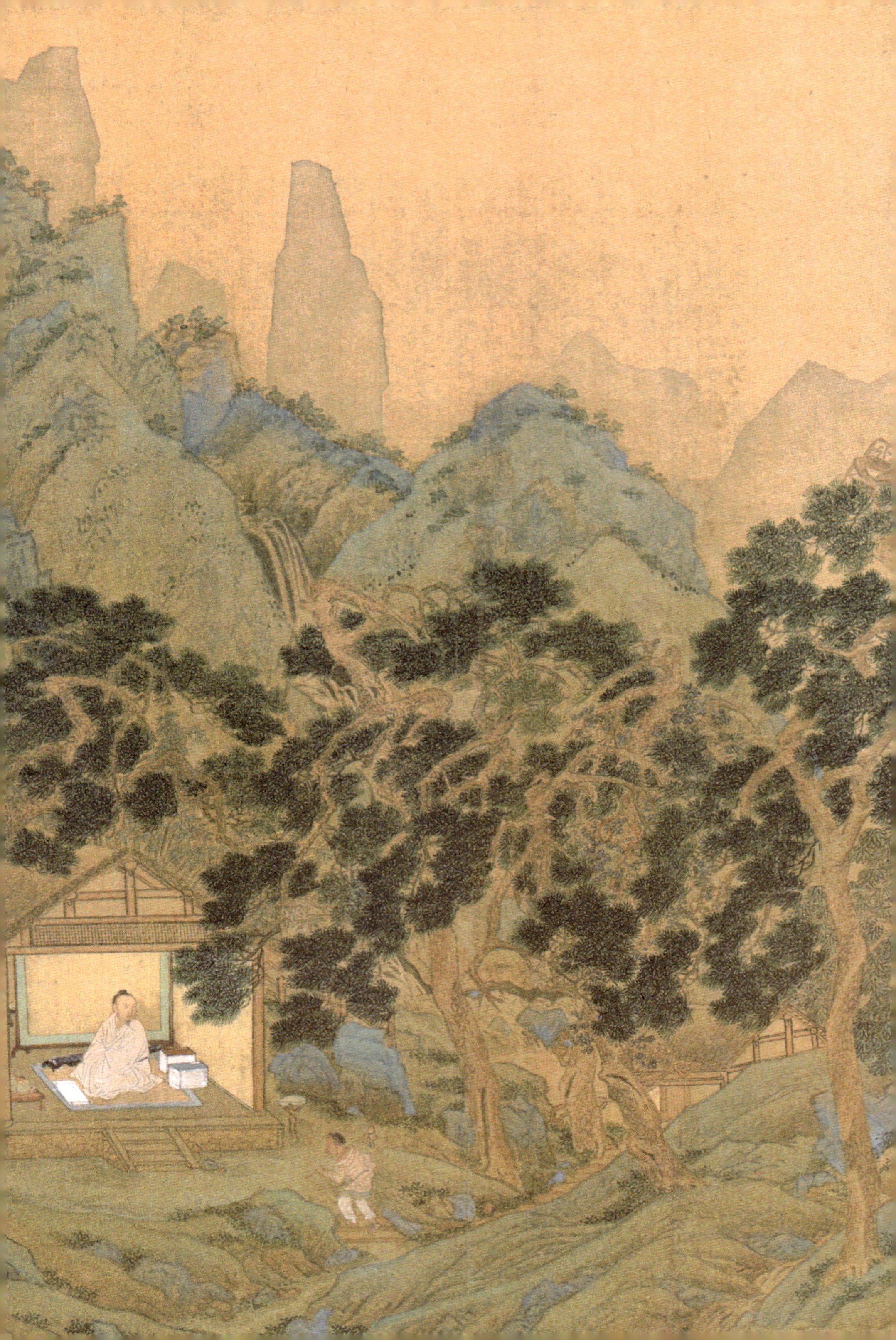

《古琴曲〈秋鸿〉图谱》册　（明）浙派徐门所传　收藏于故宫博物院

减字谱，也称指法谱，是中国古琴一种常用的记谱法，因其减去了古琴文字谱中指法、术语的复杂部分，而留下其较具特点的部分，故称「减字谱」。减字谱由唐末琴家曹柔创立，主要记录古琴演奏的指位与左右手演奏技法，不记录音名、节奏，「字简而义尽，文约而音赅」。因此，相对于西方的五线谱，减字谱给演奏者的自由发挥空间更大，但难度也更大，不通音律很难演奏出曲子的精髓。古琴演奏追求「静」，此册中的图大多意境悠远，有助于演奏者此《古琴曲〈秋鸿〉图谱》册，为绘图与曲谱的合装本，先图后谱。意会琴曲的内涵。「清商调」「夹钟清商意」为练习曲，「飞冥吟」为序曲，其下进入「秋鸿」主题，自「渡江」始，「声断楚云」止，共三十六段。

清商調

有三作

芢䔇 芼𠙹䒳于匋芼。
洶才琶丙芢芼䒳三擒
䒳才苣匋苣匋匋沰鏊
苣鴬 立才下匋箜匋
五丁琶石 上八 匋箜鴬
匋才芢 九合
匋丁可芼匹匋芼。

夾鍾清商意

作自三
䒳 角上 苣𥁊勾二匹匋苣
䒳匋 七八洶丁琶芼䒳
䒳四𥁊 丗才 琶芼匋
䒳四𥁊 䒳
九五。匋苟上八九匋
䒳丗才匋𥁊匋鶲匕
七𣲢 才下 匋鶲匁才

飛冥吟 夾鍾清商調

匋匹匋苣勾匋苣匹匋
苣匀匋苣丗巳匋鴬匋
丗苣匋苣丗巳匋鴬匋自
琶五苣匋苣匋鴬䒳
琶匋匋匋鴬䒳立
𥁊𥁊 𣲢才上十才 苣鴬匋
鶲鏊𥁊 大才上八 匋鴬 下
〇𥁊匋 四𥁊匋匋匋 勾雙
三匋𥁊匋芼匋止琶鴬雙
勺雙 匋上匋 雙

118

渡江图

渡江谱

秋鴻 妙品夾鍾清高曲
世謂清商楚望譜縣翁晚山翁累刪

渡江

𠃌勻蕨筍茬筍可茬
蔦匧匂辰筍𠃜昌
勻可勻二茬筍𠃜昌
茬筍可茬纂㽞
茬筍六七筍𢓡筍 斤乍
可勻六 筍
六𡷁五筍𢓡勹筍
筍六芎筍𢓡筍
勹𢓡筍六耂㽞勻𢓡

白勺
乍

宾秋谱

依渚谱

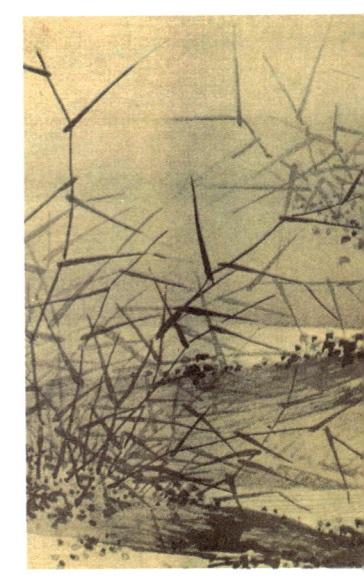

宾秋图

依渚图

鹽鹺、鹺八九 鹺 莑五

藝六蘻。三月

呼群图

呼群谱

呼群

鸳錭勺鹺⸌鸳鹺匀
蘆⸌鸳鸳匄葢匄篕鹯
鸳鸳鹯茬匀篕鹯
卅茬篕茜鹯錭篕
远菌錭匀老於池篕
匀七苍篕池y篕匹
菌茏六苍卣下篕
匇菡苍西六鸳鸳亡
旵蘩上 去立才篕五坑盬

呼芦谱

悲秋谱

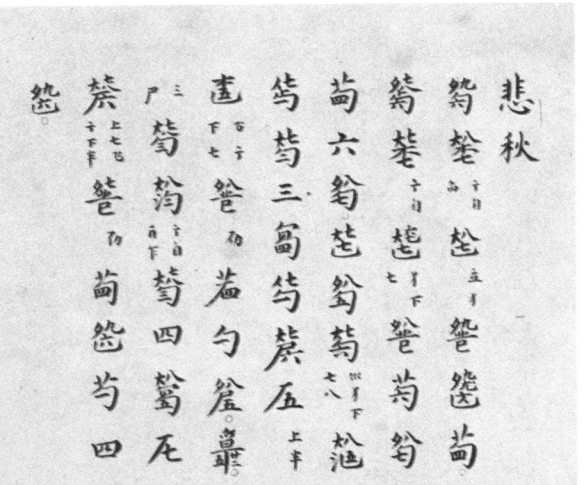

呼芦图

悲秋图

聚沙谱

宿芦谱

聚沙图

宿芦图

适 音

四曰：

耳之情欲声，心不乐，五音①在前弗听；目之情欲色，心弗乐，五色②在前弗视；鼻之情欲芬香，心弗乐，芬香在前弗嗅；口之情欲滋味，心弗乐，五味③在前弗食。欲之者，耳目鼻口也；乐之④弗乐者，心也。心必和平然后乐。心必乐，然后耳目鼻口有以欲之。故乐之务在于和心，和心在于行适⑤。

夫乐有适，心亦有适。人之情：欲寿而恶夭，欲安而恶危，欲荣而恶辱，欲逸而恶劳。四欲得，四恶除，则心适矣。四欲之得也，在于胜理⑥。胜理以治身，则生全以⑦；生全则寿长矣。胜理以治国，则法立；法立则天下服矣。故适心之务在于胜理。

夫音亦有适：太巨则志荡⑧，以荡听巨则耳不容，不容则横塞⑨，横塞则振；太小则志嫌⑩，以嫌听小则耳不充，不充则不詹⑪，不詹则窕⑫；太清则志危⑬，以危听清则耳谿极⑭，谿极则不鉴⑮，不鉴则竭；太浊则志下，以下听浊则耳不收，不收则不抟⑯，不抟则怒。故太巨、太小、太清、太浊，皆非适也。何谓适？衷⑰，音之适也。何谓衷？大不出钧⑱，重不过石⑲，小大轻重之衷也。黄钟之宫，音之本也⑳，清浊之衷也。衷也者，适也。以适听适则和矣。乐无太㉑，平和者是也。

故治世之音安以㉒乐，其政平也；乱世之音怨以怒，其政乖㉓也；亡国之音悲以哀，其政险也。凡音乐，通乎政而移风平俗者也。俗定而音乐化之矣。故有道之世，观其音而知其俗矣，观其俗而知其政矣，观其政而知其主矣。故先王必托于音乐以论其教㉔。清庙㉕之瑟，朱弦而疏越㉖，一唱而三叹㉗，有进㉘乎音者矣。大飨㉙之礼，上玄尊㉚而俎生鱼，大羹㉛不和，有进乎味者也。故先王之制礼乐也，非特以欢耳目、极口腹之欲也，将教民平好恶、行理义也。

【注释】

① 五音：宫、商、角、徵、羽。指音乐。
② 五色：青、黄、赤、白、黑。指色彩。
③ 五味：酸、苦、甘、辛、咸。指味道。
④ 之：连词，等于"和""与"。
⑤ 行适：行为合适。
⑥ 胜（shēng）理：遵循事物的规律。
⑦ 以：通"矣"。
⑧ 太：过分。荡：动摇。
⑨ 横塞：充溢阻塞。
⑩ 嗛：通"慊（qiàn）"，不满足。
⑪ 詹：通"赡"。足。
⑫ 窕：细而不满。
⑬ 危：高。
⑭ 㵪（xī）极：空虚疲劳。
⑮ 鉴：审查，鉴别。
⑯ 抟：专一。
⑰ 衷：适中。
⑱ 大不出钧：指钟音律度不能超过钧所发之音。钧，通"均"，古代度量钟音律度的器具。
⑲ 重不过石：指钟的重量不能超过一石。石，古代重量单位，一百二十斤为一石。
⑳ 黄钟之宫，音之本也：古乐中的十二律以黄钟之宫为本，用"三分损益法"

依次相生，所以说"黄钟之宫，音之本也"。

㉑ 太：指上文"太巨""太小""太清""太浊"。

㉒ 以：连词，相当于"而"。

㉓ 乖：乖谬。

㉔ 教：教化。

㉕ 清庙：宗庙。

㉖ 疏越（huó）：镂刻的小孔。

㉗ 一唱而三叹：宗庙奏乐，一人领唱，三人应和。形容宗庙祭祀时奏乐演唱的规模很小。

㉘ 进：指超出。

㉙ 大飨（xiǎng）：太庙祭祀。

㉚ 玄尊：盛玄酒的酒器。玄酒，指祭祀时所用的水。水本来没有颜色，古人习惯把水当成黑色，故称"玄酒"。

㉛ 大（tài）羹：古代祭祀时所用的带汁的肉。

【译文】

第四：

耳朵的天性想听声音，如果心情不愉悦，那么音乐在耳边也不听；眼睛的天性想看色彩，如果心情不愉悦，那么色彩在眼前也不看；鼻子的天性想嗅芳香，如果心情不愉悦，那么香气在身边也不闻；嘴巴的天性想要尝滋味，如果心情不愉悦，那么美味在嘴边也不吃。虽然耳目鼻口各有欲望，但是决定愉快或不愉快的是心情，只有心情平和才能愉快。心情愉快，耳目鼻口才有欲望。所以，愉悦的关键在于心情平和，心情平和的关键在于行为合宜适中。

愉悦有个适中问题，心情也有个适中问题。希望长寿而厌恶短命，希望安全而厌恶危险，希望荣誉而厌恶耻辱，希望安逸而厌恶烦劳，这是人的本性。以上四种欲望被满足，四种厌恶被免除，心情就能适中了。但是四种欲望能够得到满足，关键在于遵循事物的规律。遵循事物的规律来养身，天性就会得到保全；天性得到保全，寿命就会长久。遵循事物的规律来治理国家，法度就能建立；法度建立起来，天下就会服从。所以，使心情适中的关键是遵循事物的规律。

音乐也有个适中的问题。声音太大会使人心志激荡，以激荡的心志去听巨大的声音，耳朵就容纳不了，容纳不了就会充溢阻塞，充溢阻塞，心志就会更加激荡；声音太小又会使人心志得不到满足，以不满足的心志去听微弱的音乐，耳朵就充不满，充不满就会感到不够，感到不够，心志就会更加不满足；声音太清会使人心志高远，以高远的心志去听轻清的音乐，耳朵就会空虚倦怠，空虚倦怠就会听不清楚，听不清楚，心志就会衰竭；声音太浊会使人心志庸俗，以庸俗的心志去听重浊的音乐，耳朵就会收不住音，收不住音就会不专一，不专一就会动气。因此，音乐声音太大、太小、太清、太浊都不能算合宜。什么叫合宜？大小清浊适中就是合宜。什么叫大小清浊适中？钟音律度最大不超过一均，钟的重量最重不超过一石，就是适中。黄钟宫是音乐的根本，是清浊的基准。合乎基准就算是适中。以适中的心境去听适中的音乐才会达到和谐。音乐各个方面都不过分，平正和谐才合宜。

所以，盛世之音安宁而快乐，是因为政治安定；乱世之音怨恨而愤怒，是因为政治乖谬；亡国之音悲痛而哀愁，是因为政治险恶。大凡音乐，能与政治相通，起到移风易俗的作用。风俗的形成是音乐潜移默化的结果。所以，政治清明的时代，考察其音乐就知道其风俗如何了，考察其风俗就知道其政治如何了，考察其政治就知道其君主如何了。所以，先代圣王都要通过音乐来宣扬教化。在宗庙演奏音乐时，用的是朱弦瑟，底部镂刻有小孔，一人领唱，多人应和，其意义已经超出音乐本身了。举行大飨祭礼时，酒器中只盛水，俎中只盛生鱼，大羹不具五味，其意义已经超出滋味本身了。所以，先王制定礼乐，不是用来愉悦耳目和满足口腹欲望的，而是用来教导百姓明好恶、践理义的！

古 乐

五曰：

乐所由来者尚①也，必不可废。有节，有侈，有正，有淫矣。贤者以昌，不肖者以亡。

昔古朱襄氏②之治天下也，多风而阳气畜积，万物散解，果实不成，故士达③作为五弦瑟，以来阴气，以定群生。

昔葛天氏④之乐，三人操牛尾，投足以歌八阕⑤：一曰《载民》，二曰《玄鸟》，三曰《遂草木》，四曰《奋⑥五谷》，五曰《敬天常》，六曰《达帝功》，七曰《依地德》，八曰《总万物之极》。

昔阴康氏⑦之始，阴多，滞伏而湛⑧积，阳道壅塞，不行其序，民气郁阏而滞著，筋骨瑟缩不达，故作为舞以宣导之。

昔黄帝令伶伦⑨作为律。伶伦自大夏⑩之西，乃之昆仑之阴，取竹于嶰豀⑪之谷，以生空窍厚钧⑫者，断两节间，其长三寸九分，而吹之，以为黄钟之宫，吹曰舍少。次制十二筒，以之昆仑之下，听凤皇之鸣，以别十二律。其雄鸣为六⑬，雌鸣亦六⑭，以比黄钟之宫，适合，黄钟之宫皆可以生之。故曰：黄钟之宫，律吕之本。黄帝又命伶伦与荣将⑮铸十二钟，以和五音，以施英韶⑯。以仲春之月，乙卯之日，日在奎，始奏之，命之曰《咸池》⑰。

帝颛顼生自若水，实处空桑⑱，乃登为帝，惟天之合。正风乃行，其音若熙熙凄凄锵锵⑲。帝颛顼好其音，乃令飞龙⑳作乐，效八风之音，命之曰《承云》㉑，以祭上帝。乃令鱓㉒先为乐倡。鱓乃偃寝，以其尾鼓其腹，其音英英㉓。

帝喾命咸黑㉔作为声，歌《九招》《六列》《六英》㉕。有倕㉖作为鼙、鼓、钟、磬、吹苓、管、埙、篪、鞀、椎、钟。帝喾乃令人抃㉗，或鼓鼙，击钟磬，吹苓，展管篪。因令凤鸟、天翟㉘舞之。帝喾大喜，乃以康帝德。

帝尧立，乃命质㉙为乐。质乃效山林谿谷之音以歌，乃以麋䩨㉚置缶而鼓之，乃拊㉛石击石，以象上帝玉磬之音，以致舞百兽。瞽叟㉜乃拌五弦之瑟，作以为十五弦之瑟。命之曰《大章》㉝，以祭上帝。

舜立，命延㉞，乃拌瞽叟之所为瑟，益之八弦，以为二十三弦之瑟。帝舜乃令质修《九招》《六列》《六英》，以明帝德。

禹立，勤劳天下，日夜不懈。通大川，决壅塞，凿龙门㉟，降通潦水㊱以导河，疏三江五湖，注之东海，以利黔首。于是命皋陶作为《夏籥》㊲九成，以昭其功。

殷汤即位，夏为无道，暴虐万民，侵削诸侯，不用轨度，天下患之。汤于是率六州以讨桀罪。功名大成，黔首安宁。汤乃命伊尹作为《大护》㊳，歌《晨露》㊴，修《九招》《六列》《六英》，以见其善。

周文王处岐㊵，诸侯去殷三淫㊶而翼文王。散宜生㊷曰："殷可伐也。"文王弗许。周公旦乃作诗曰："文王在上，於昭于天。周虽旧邦，其命维新。"以绳㊸文王之德。

武王即位，以六师㊹伐殷。六师未至，以锐兵克之于牧野㊺。归，乃荐俘馘㊻于京太室，乃命周公作为《大武》㊼。

成王立，殷民反，王命周公践伐之。商人服㊽象，为虐于东夷㊾。周公遂以师逐之，至于江南。乃为《三象》㊿，以嘉其德。

故乐之所由来者尚矣，非独为一世之所造也。

【注释】

① 尚：久远。
② 朱襄氏：传说中远古部落名，其首领为炎帝。

③ 士达：朱襄氏的臣子。
④ 葛天氏：传说中的远古部落。这里指其部落首领。
⑤ 投足：顿足，踏着脚。八阕：指舞乐的八章。
⑥ 奋：使动用法，使……茂盛。
⑦ 阴康氏：远古部落。这里指其部落首领。
⑧ 湛（chén）：通"沉"。
⑨ 伶伦：黄帝的乐官。伶，乐官。伦，人名。
⑩ 大夏：古代传说中西方的山。
⑪ 嶰（xiè）谿：山谷名。
⑫ 钧：通"均"。
⑬ 雄鸣为六：指六阳律，即黄钟，太蔟（còu）、姑洗，蕤（ruí）宾、夷则、无射（yì）。
⑭ 雌鸣亦六：指六阴律，即大吕、夹钟、仲吕、林钟、南吕、应钟。
⑮ 荣将：黄帝的臣子。
⑯ 英韶：指华美的音乐。
⑰ 《咸池》：古乐名，传说为黄帝时所作。
⑱ 若水：古水名，即今雅砻江。空桑：古地名。
⑲ 熙熙凄凄锵锵：象声词，形容风声。
⑳ 飞龙：乐人名。
㉑ 《承云》：古乐名，传说为颛顼时所作。
㉒ 鼍（tuó）：同"鼉"。即鳄，皮可制鼓。
㉓ 英英：形容乐声和盛。
㉔ 喾：传说中的五帝之一。咸黑：帝喾之臣。
㉕ 《九招》《六列》《六英》：古乐名，相传为帝喾时所作。
㉖ 有倕（chuí）：传说中的古代巧匠。有，名词词头。倕，人名。
㉗ 抃（biàn）：两手相击。
㉘ 天翟（dí）：神话中的天鸟。
㉙ 质：尧、舜时的乐官。

㉚ 麋鞈（luò）：鹿制皮革。
㉛ 拊：击，拍。
㉜ 瞽（gǔ）叟：舜的父亲。瞽，瞎子。
㉝ 《大章》：古乐名，相传为尧时所作。
㉞ 延：舜的臣子。
㉟ 龙门：地名，在今山西省河津市西北。又名禹门口。
㊱ 降：大。漻（liáo）水：指洪水。
㊲ 《夏籥（yuè）》：古乐名，即《大夏》。
㊳ 《大护》：古乐名，相传为汤时伊尹所作。
㊴ 《晨露》：古乐名，相传为汤时所作。
㊵ 岐：古邑名，周的祖先古公亶父（dǎn fǔ）所建，故址在今陕西岐山县东北。
㊶ 三淫：指殷纣做的三件残暴事，即"剖比干之心，断材士之股，刳（kū）孕妇之胎"。
㊷ 散宜生：周文王的臣子。
㊸ 绳：赞誉。
㊹ 六师：即"六军"。周制，天子有六军。
㊺ 牧野：古地名，在今河南淇县西南。
㊻ 俘馘（guó）：指被歼灭的敌人。馘，从敌人尸体上割下来的左耳。
㊼ 《大武》：古乐名，相传为周公所作。
㊽ 服：骑，驾驭。
㊾ 东夷：指古代东方诸民族所居之地。
㊿ 《三象》：古乐名，相传为周公所作。

【译文】

第五：

音乐的由来已经很久了，定然不可废弃。有的音乐适中合宜，有的音乐奢侈放纵，有的音乐纯正，有的音乐淫邪。贤能的人用音乐会使国家昌盛，不肖的人用音乐会使国家灭亡。

从前朱襄氏治理天下的时候，气候多风，因而阳气过盛，万物解体掉落，果实不能成熟。所以，士达制成五弦瑟，用来招引阴气，安定众生。

从前葛天氏的音乐，在演奏时，要三人手持牛尾，踏脚歌舞八章：第一章为《载民》，第二章为《玄鸟》，第三章为《遂草木》，第四章为《奋五谷》，第五章为《敬天常》，第六章为《达帝功》，第七章为《依地德》，第八章为《总万物之极》。

从前阴康氏开始治理天下的时候，阴气过盛积滞，阳气阻塞不通，阴阳之气不能正常运行，导致民众精神抑郁不快，筋骨伸展不开。因此，阴康氏创作舞蹈来疏导。

从前黄帝让伶伦创制乐律。伶伦从大夏山的西面出发，到达昆仑山的北面，从嶰谿山谷中选取竹子，他选取中间空四壁厚且均匀的竹子，截取两个竹节之间的一段，这段竹节的长度为三寸九分，然后吹奏它，并把发出的音定为黄钟律的宫音，其音为"舍少"。接着，他又制作了十二根同样的竹管，把它们带到昆仑山下，听凤凰的鸣叫，用这些竹管模拟出来，以区别十二乐律。雄凤有六个音，雌凤也有六个音。他把这些用竹管定出的乐律同黄钟律的宫音相比，都很相合，而且这些定出来的乐律都可以由黄钟律的宫音派生出来。所以说，黄钟律的宫音是乐律的本源。后来，黄帝又让伶伦和荣将铸造十二口钟，用来和谐五音，借此展现华美的声音。在春天的第二个月的乙卯日，等太阳运行到奎宿的时候，便开始演奏，演奏的乐曲命名为《咸池》。

帝颛顼出生在若水，住在空桑，他登上帝位时，德行正与天合。八方纯正的风按四时运行，发出熙熙、凄凄、锵锵的声音。颛顼喜好这些声音，于是命令飞龙作乐，模仿八方的风声制作音乐，曲名为《承云》，用来祭祀上帝。颛顼又命鳝领奏，鳝仰面躺下，用尾巴拍打自己的肚子，发出和盛的音乐。

帝喾时，让咸黑作乐，咸黑创作了《九招》《六列》《六英》。有倕又制作出了鼙、鼓、钟、磬、笙、管、埙（xūn）、箎（chí）、鼗（táo）等乐器及击钟的椎和悬钟的横本等。帝喾就让人演奏这些乐器，有的击磬，有的敲钟、磬，有的吹笙，有的演奏管、箎。帝喾又让凤鸟、天鸟随乐舞蹈。帝喾非常高兴，于是用这些乐舞来宣扬天帝的功德。

尧为帝时,让质作乐。质于是模仿山林溪谷的声音来作歌,又把麋鹿的皮蒙在瓦器上敲击,同时敲击石片,以模仿天帝玉磬的声音,以此招引百兽作舞。瞽叟在五弦瑟的基础上,制成十五弦瑟,用十五弦瑟演奏出的乐曲名为《大章》,用来祭祀天帝。

舜为帝时,让延改造乐器。延在瞽叟创制的十五弦瑟的基础上,增加八弦,制成二十三弦瑟。舜又命质研习《九招》《六列》《六英》,以此来颂扬天帝的美德。

禹为帝时,为天下辛勤操劳,日夜不息。他带领民众疏通大河,决开壅塞,开凿龙门,把洪水导入黄河,他还疏浚三江五湖,使水东流入海,使百姓得到便利。这时,禹让皋陶创作《夏籥》九章,来宣扬禹的功绩。

殷汤时,夏桀无道,残害百姓,侵掠诸侯,不按法度治理国家,天下人都非常恨他。于是,汤率领六州诸侯讨伐暴桀,一举成名,百姓也获得了安宁。因此,汤让伊尹创作《大护》乐和《晨露》歌,并研习《九招》《六列》《六英》(据上文,古文"六列"之后疑脱"六英"二字),来展现他的美德。

周文王住在岐邑时,诸侯纷纷叛离罪恶累累的殷纣而拥戴他。散宜生向周文王献策说:"殷可以讨伐了。"周文王没有答应。于是,周公旦作诗道:"文王在上,於昭于天。周虽旧邦,其命维新。"以此来称誉周文王的德行。

周武王即位,他率领军队讨伐殷纣。他的大军还没有到达殷都,就凭借精锐的士兵在牧野打败了殷纣。回到京城后,周武王在太庙献上俘虏,禀报斩杀人数,并让周公创作《大武》乐。

周成王即位,商朝的遗民叛乱。周成王让周公去讨伐他们。商朝的遗民役使大象在东夷为害。周公率领军队把他们驱逐到了长江以南。因此,周公创作《三象》乐,来赞美自己的功德。

所以,音乐由来已久,不是一世人就能创制的呀!

138

《斫琴图》（局部）

（东晋）顾恺之／原作　此为宋人摹本　收藏于故宫博物院

《太古遗音》记载，"伏羲见凤集于桐，乃象其形"，削桐"制以为琴"。这是我国关于古琴制作的最早记载。"伏羲式"在唐代被定型，成为典型的古老琴形。《斫琴图》描绘的是古代十四位文人学士制作古琴的场景，他们或断板，或制弦，或试琴，或指挥，深得魏晋风流。《斫琴图》也是中国历史上唯一反映乐器制造的绘画作品，从中可知，魏晋时期制琴的流程已经相当规范。

《聚贤听琴图》
（明）董其昌　收藏于美国明尼亚波利斯艺术馆

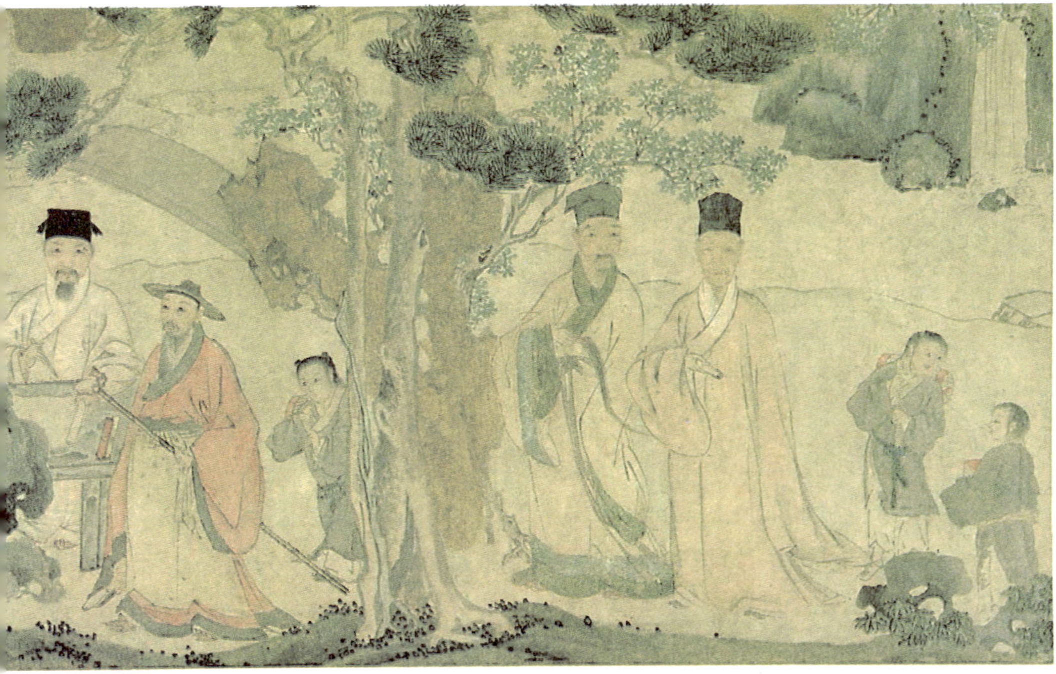

季夏纪

季　夏

一曰：

季夏之月，日在柳①，昏心②中，旦奎中。其日丙丁，其帝炎帝，其神祝融，其虫羽，其音徵，律中林钟③。其数七，其味苦，其臭焦，其祀灶，祭先肺。凉风始至④，蟋蟀居宇⑤，鹰乃学习⑥，腐草化为蚈⑦。天子居明堂右个，乘朱辂，驾赤骝，载赤旂，衣朱衣，服赤玉，食菽与鸡，其器高以觕。

是月也，令渔师⑧伐蛟取鼍，升龟取鼋⑨。乃命虞人⑩入材苇。

是月也，令四监大夫⑪合百县之秩刍，以养牺牲。令民无不咸出其力，以供皇天上帝、名山大川、四方之神，以祀宗庙社稷之灵，为民祈福。

是月也，命妇官染采，黼黻文章⑫，必以法故⑬，无或差忒⑭，黑黄苍赤，莫不质良⑮，勿敢伪诈，以给郊庙祭祀之服，以为旗章，以别贵贱等级之度。

是月也，树木方盛，乃命虞人入山行木，无或斩伐⑯；不可以兴土功，不可以合诸侯，不可以起兵动众，无举大事，以摇荡于气。无发令而干时，以妨神农之事。水潦盛昌，命神农⑰将巡功，举大事则有天殃。

是月也，土润溽暑⑱，大雨时行，烧薙⑲行水，利以⑳杀草，如以热汤㉑，可以粪田畴㉒，可以美土疆㉓。

行之是令,是月甘雨三至,三旬二日㉔。

季夏行春令,则谷实解落,国多风欬㉕,人乃迁徙;行秋令,则丘㉖隰水潦,禾稼不熟,乃多女灾㉗;行冬令,则寒气不时,鹰隼㉘早鸷,四鄙入保。

中央土㉙,其㉚日戊己,其帝黄帝㉛,其神后土㉜,其虫倮㉝,其音宫,律中黄钟之宫。其数五,其味甘,其臭香,其祀中霤㉞,祭先心。天子居太庙太室㉟,乘大辂㊱,驾黄骝,载黄旂,衣黄衣,服黄玉,食稷㊲与牛,其器圜㊳以掩。

【注释】

① 柳:星宿名,二十八宿之一。
② 心:星宿名,二十八宿之一。
③ 林钟:十二律之一。
④ 凉风始至:据五行说,季夏之月,阴气起,凉风属阴,所以凉风始至。
⑤ 宇:屋檐。
⑥ 习:习飞。古人认为秋季将至,鹰为顺应秋主杀之气,所以练习飞翔,准备搏击飞鸟。
⑦ 蚈(qiān):萤火虫。古人以为萤火虫是腐草所化。
⑧ 渔师:掌管水产的官吏。
⑨ 升:登。鼋(yuán):大鳖。
⑩ 虞人:掌管山林池泽的官吏,分为山虞、泽虞。这里的虞人当指泽虞。
⑪ 四监大夫:周制,天子领地分为百县,每县辖四郡,上大夫受县,下大夫受郡。这里的四监大夫指监四郡的县大夫。
⑫ 黼(fǔ):半黑半白的花纹。黻(fú):半黑半青的花纹。文:半青半红的花纹。章:半红半白的花纹。
⑬ 故:旧时惯例。
⑭ 或:句中语气词。忒:差错。
⑮ 质良:良好。

⑯ 斩伐：砍伐。
⑰ 神农：指农官。
⑱ 溽暑：指湿热。
⑲ 烧薙（tì）：指把除掉的草晒干烧掉。薙，除草。
⑳ 以：于。
㉑ 汤：开水。
㉒ 粪田畴：给耕地施肥。
㉓ 美土疆：使土地肥美。
㉔ 三旬二日：指除去晦朔两天，三旬中有两日降雨。
㉕ 国：国人。风欬：因受风而咳嗽。
㉖ 丘：高地。
㉗ 女灾：指妇女不能生育。
㉘ 隼：一种似鹰的猛禽。
㉙ 中央土：在五行中，中央属土。
㉚ 其：指中央。
㉛ 黄帝：即轩辕氏，五帝之一，他以土德王天下，被尊为中央之帝。
㉜ 后土：共工氏之子，名句龙，被尊为后土之神。
㉝ 倮：五虫之一，指麒麟之类的倮族。
㉞ 中霤（liù）：五祀之一，祭祀后土。
㉟ 太庙太室：南向居中的明堂。
㊱ 大辂：木质大车。
㊲ 稷：谷子。
㊳ 圜：圆。此指器中宽大。

【译文】

第一：

　　季夏六月，太阳的位置在柳宿。日落时，心宿出现在南方中天；日出时，奎宿出现在南方中天。夏天的第三个月在天干排序中属丙丁，主宰之帝为炎帝，佐帝之神为祝融，对应的动物为凤鸟之类的羽族，对应的声音为徵音，对应的音律为林钟。这个月的数字为七，味道为苦味，气味为焦气，要举行的祭祀为灶祭，祭祀时，祭品以肺脏为尊。夏天的第三个月，凉风开始到来，蟋蟀住在屋檐下，鹰练习飞翔搏击，腐草化作萤火虫。天子要居住在南向明堂的右侧室，乘朱辂，驾赤马，插赤色龙纹旗，穿赤服，佩赤色饰玉，食用豆类和鸡肉，使用高大的器物。

这个月，天子要命令管理渔业的官员，斩蛟取鼍，献龟取鼋。命令掌管池泽的官员收纳芦苇。

这个月，天子要命令监管四郡的县大夫，征收各县按常规交纳的刍草，以饲养供祭祀用的牲畜，还要命令百姓尽力收割积聚，以供祭祀上帝、山川、神祇、宗庙社稷之用，并为百姓祈福。

这个月，天子要命令掌管布帛的女官负责彩染，布帛上各种图案的颜色搭配要按照法规和习惯，不能有差错；黑黄苍赤各种颜色的布帛要鲜艳良好，不能有欺诈，用此制作祭天祭祖时所穿的礼服，还要用它们制作旌旗标志来区分贵贱等级。

这个月，树木正茂盛生长着，天子要命令掌管山林的官吏去山里巡视，禁止人们砍伐树木；不可以大兴土木，不可以会合诸侯，不可以兴师动众，不能有大的活动来摇动土气；也不要发布侵扰农时的命令来损害农事。此时，雨水正多，天子要命令农官巡视田亩修治的情况。如果有违背农时的大活动，就会出现天灾。

这个月，土地湿润，天气潮热，降雨频繁，要烧掉割下后晒干的杂草，杂草灰淋过雨水后，太阳一晒，就像用开水煮一样，这样有利于除杀野草，且可以肥田，改良土壤。

施行应时的政令，这个月就会雨水和顺。除去晦朔，三旬中有两天可以降雨。

季夏如果施行应在春天施行的政令，那么谷物的籽实就会掉落，国人就会伤风咳嗽，人们就会迁徙搬家；如果施行应在秋天施行的政令，那么高地洼地都会出现洪涝，庄稼就会难以成熟，妇女也不能生育；如果施行应在冬天施行的政令，那么寒气就会不合时地降临，鹰隼等猛禽就会过早击杀鸟儿，四方边境的百姓就会为躲避敌寇的侵扰而躲入城堡。

　　中央在五行中属土，在天干排序中属戊己，主宰之帝为黄帝，佐帝之神为后土，对应的动物为麒麟之类的倮族，对应的声音为宫音，对应的音律为黄钟宫。它的数字为五，味道为甜味，气味为香气。要举行的祭祀为中霤之祀，祭祀时，祭品以心脏为尊。天子要居住在中央明堂的正室，乘大辂，驾黄马，插黄色龙纹旗，穿黄色衣服，佩黄色饰玉，食用谷子和牛肉，使用中间宽大而口敛缩的器物。

《坛庙祭祀节次》套印本（节选）
（清）清代乐府 / 编撰

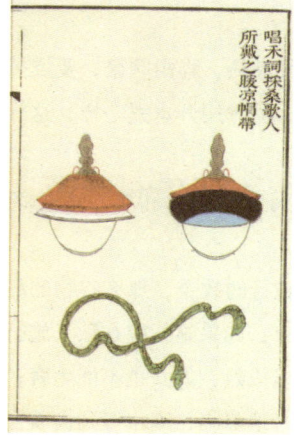

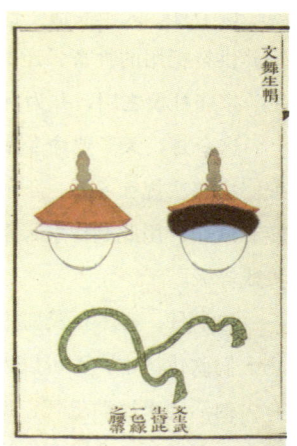

为祭祀祖先、天地、神明而建造的坛庙，在中国传统礼治体系中占有重要的位置。坛，即祭坛，早期是祭祀神灵、举行会盟、誓师、封禅、拜相、拜帅等重大仪式的高台，后来成为中国古代帝王专用的祭祀建筑。如明清以来北京的九坛：天坛（包括圜丘祈谷坛）、地坛、日坛、月坛、先农坛（内含太岁坛）、社稷坛、先蚕坛。庙，即宗庙，是供奉神佛、名人或祖宗神位的地方，多为一帝一庙。东汉以前，帝王的宗庙称太庙，每朝只立一座太庙，分供各代皇帝神主。东汉以后，庙制历代不同。坛庙祭祀有着严格的礼制，不同等级的坛庙祭祀所能使用的祭品、仪仗、舞乐等都是不同的。《坛庙祭祀节次》共六册，由清代乐部编撰，主要记述坛庙祭祀相关礼仪。其中，前三册为坛庙祭祀穿戴手执，第四册为彩绘祭祀穿戴手执，第五册为文生武生舞谱，第六册为青衣童子舞谱。在此节选第四册，供大家了解清代皇家的坛庙祭祀穿戴。

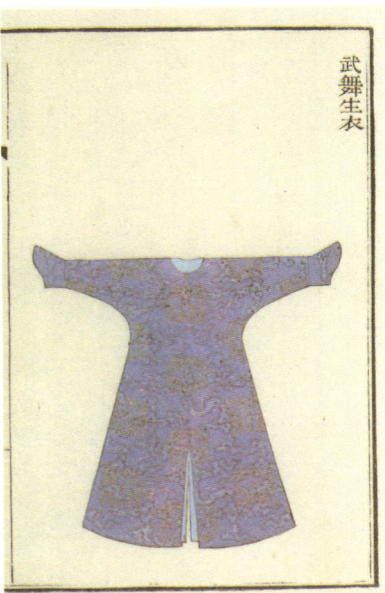

唱禾詞採桑歌時執旗人所戴之帽帶	武舞生衣
文舞生衣	武舞生衣

文舞生衣 武舞生衣

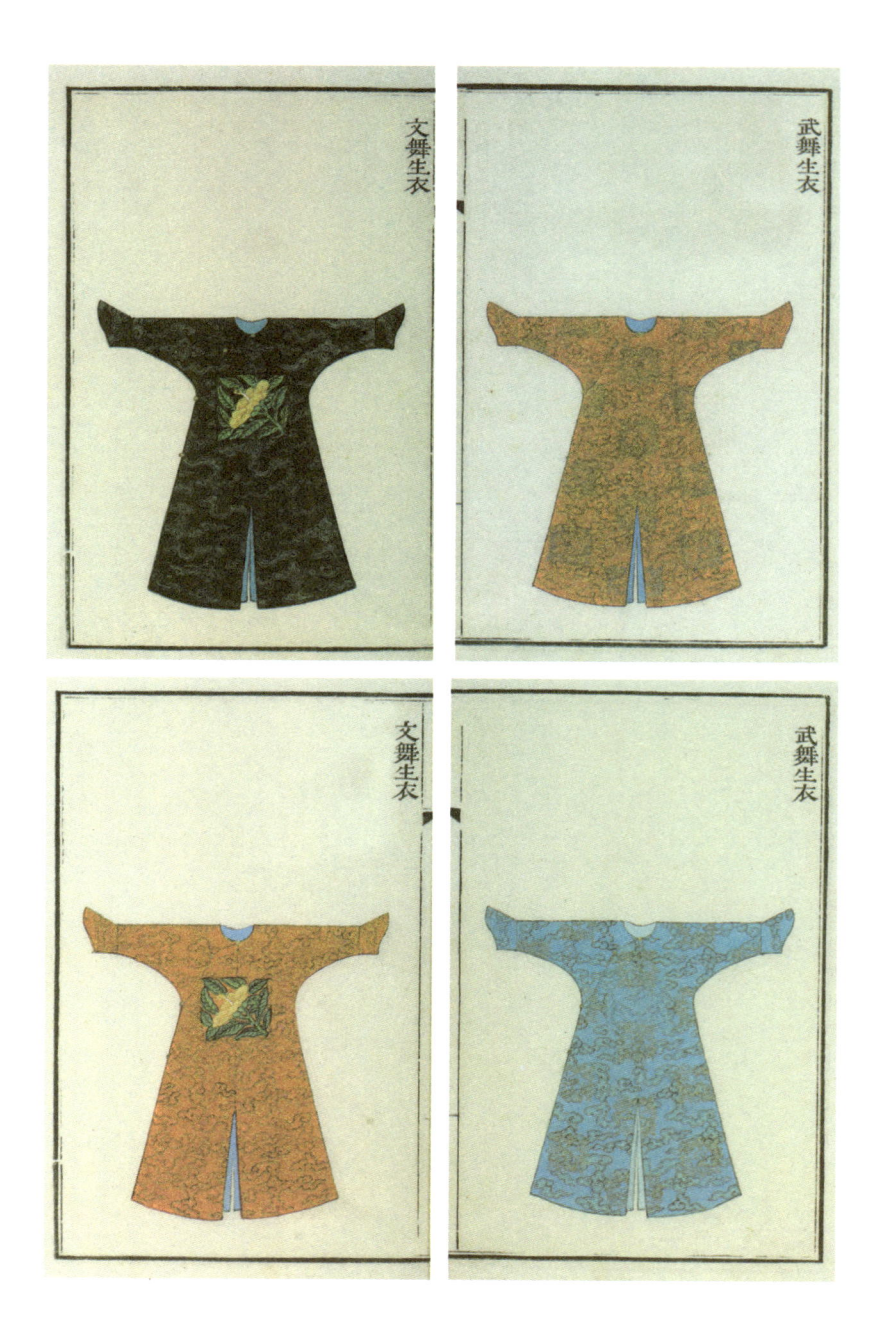

文舞生衣 武舞生衣

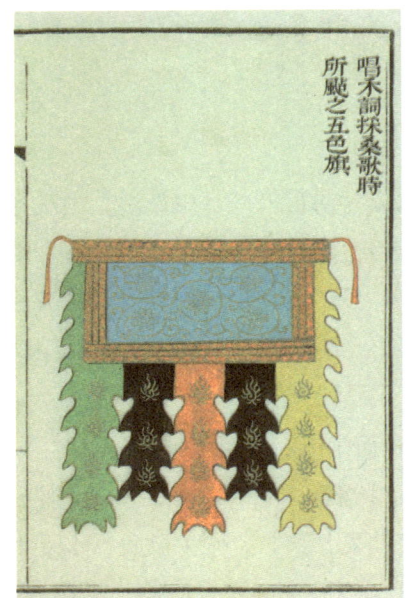

唱禾詞採桑歌時所颺之五色旗

唱禾詞採桑歌時所颺之五色旗

唱禾詞採桑歌時所颺之五色旗

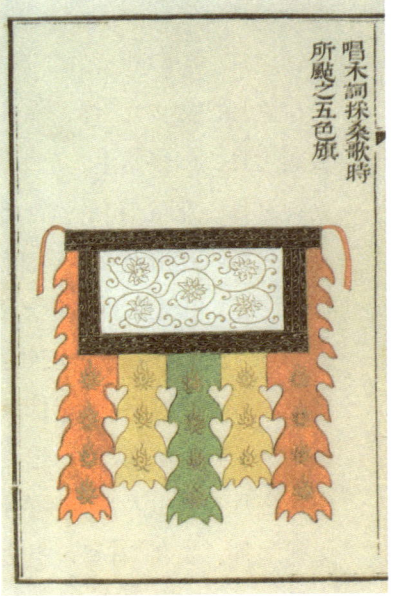

唱禾詞採桑歌時所颺之五色旗

音　律

二曰：

黄钟生林钟，林钟生太蔟，太蔟生南吕，南吕生姑洗，姑洗生应钟，应钟生蕤宾，蕤宾生大吕，大吕生夷则，夷则生夹钟，夹钟生无射，无射生仲吕。①三分所生，益之一分以上生。三分所生，去其一分以下生。②黄钟、大吕、太蔟、夹钟、姑洗、仲吕、蕤宾为上，林钟、夷则、南吕、无射、应钟为下。③

大圣至理④之世，天地之气，合而生风。日至⑤则月钟其风，以生十二律。仲冬日短至⑥，则生黄钟。季冬生大吕。孟春生太蔟。仲春生夹钟。季春生姑洗。孟夏生仲吕。仲夏日长至，则生蕤宾。季夏生林钟。孟秋生夷则。仲秋生南吕。季秋生无射。孟冬生应钟。天地之风气正，则十二律定矣。

黄钟之月⑦，土事⑧无作，慎无发盖⑨，以固天闭地，阳气且泄。

大吕之月，数将几⑩终，岁且更起⑪，专而⑫农民，无有所使。

太蔟之月，阳气始生，草木繁动⑬，令农发土，无或失时。

夹钟之月，宽裕⑭和平，行德去刑，无或作事⑮，以害群生。

姑洗之月，达道通路，沟渎修利，申之此令，嘉气趣⑯至。

仲吕之月，无聚大众，巡劝农事，草木方长，无携民心⑰。

蕤宾之月，阳气在上，安壮养佼⑱，本朝不静，草木早槁⑲。

林钟之月，草木盛满，阴将始刑⑳，无发大事，以将㉑阳气。

夷则之月，修法饬㉒刑，选士厉兵㉓，诘㉔诛不义，以怀㉕远方。

南吕之月，蛰虫入穴，趣农收聚，无敢懈怠，以多为务。

无射之月，疾断㉖有罪，当法勿赦，无留狱讼，以亟以故㉗。

应钟之月，阴阳不通，闭而为冬，修别丧纪㉘，审民所终㉙。

【注释】

① 黄钟生林钟……无射生仲吕：指音律相生的顺序。
② 三分所生……去其一分以下生：指音律相生的方法，即"三分损益法"。
③ 黄钟……应钟为下：所谓某律"为上"，指某律是由"上生"得来；所谓某律"为下"，指某律是由"下生"得来。
④ 至理：相当于"至治"。
⑤ 日至：指太阳的位置在某一度次。
⑥ 日短至：指冬至日。
⑦ 黄钟之月：即律中黄钟之月（仲冬）。
⑧ 土事：指需要动土的工程。
⑨ 发：揭开。盖：指盖藏之物。
⑩ 几：接近。
⑪ 更起：重新开始。
⑫ 而：第二人称代词，你。"而"上当补"专"字。《月令》"专而农夫"。
⑬ 繁动：萌动。
⑭ 宽裕：宽容。
⑮ 事：指军事或土木之事。
⑯ 趣（cù）：急速。
⑰ 无携民心：不要使农民懈怠农事。携，离。
⑱ 佼：强壮。
⑲ 槀：草木枯干。
⑳ 始刑：始杀。言秋将至，阴气即将开始刑杀万物。
㉑ 将：养。
㉒ 饬：修，整顿。
㉓ 厉兵：磨砺兵器。
㉔ 诘：问责。
㉕ 怀：安抚。

㉖ 疾断：迅速决断。
㉗ 以亟以故：指既要从速处理，又要合于旧典。
㉘ 丧纪：丧事的法度。
㉙ 所终：用以送终的事宜。

【译文】

　　黄钟律生林钟律，林钟律生太蔟律，太蔟律生南吕律，南吕律生姑洗律，姑洗律生应钟律，应钟律生蕤宾律，蕤宾律生大吕律，大吕律生夷则律，夷则律生夹钟律，夹钟律生无射律，无射律生仲吕律。用"三分损益法"来使音律相生，增一分为"上生"，减一分为"下生"。黄钟、大吕、太蔟、夹钟、姑洗、仲吕、蕤宾等乐律是由上生所得，林钟、夷则、南吕、无射、应钟等乐律是由下生所得。

　　最圣明、最完美的时代，天地之气会合而产生风。太阳每运行一个度次，月亮就会聚一次风，由此产生了十二乐律。仲冬，冬至生黄钟。季冬生大吕。孟春生太蔟。仲春生夹钟。季春生姑洗。孟夏生仲吕。仲夏，夏至生蕤宾。季夏生林钟。孟秋生夷则。仲秋生南吕。季秋生无射。孟冬生应钟。天地之风纯正，十二律就能确定了。

　　律应黄钟的十一月，不要大兴土木，不要拿取盖藏之物，这是为了使天地封闭，否则，阳气将要泄漏。

　　律应大吕的十二月，年数将尽，新年将始，要让农民专心休养，不可劳役。

　　律应太蔟的一月，阳气始生，草木萌动，要令农民动土耕种，不能错失农时。

　　律应夹钟的二月，要宽容和气，施德除刑，不能征战，伤害众生。

　　律应姑洗的三月，要修畅道路，疏浚沟渠，申明政令，美善之气就会很快到来。

　　律应仲吕的四月，不要征役民众，要巡视和劝勉农事，因为这时草木正在生长，不可使人民懈怠农事。

　　律应蕤宾的五月，阳气在上，要畜养壮丁，如果朝政不稳定，草木就会提前枯萎。

律应林钟的六月,草木茂盛,阴气开始刑杀万物,不能举行大事,以此安养阳气。

律应夷则的七月,要修法饬刑,选择精兵,磨砺兵器,声讨和诛杀不义之人,以安抚远方。

律应南吕的八月,蛰虫入穴,要催促农民收割聚藏,不能懈怠,收得越多越好。

律应无射的九月,要速判罪人,当法勿赦,不能滞留诉讼案情,迅速的同时,要合乎典制。

律应应钟的十月,阴阳不通,闭塞入冬,要整饬丧葬规格,审查有关民众丧葬的各项事宜。

音　初

三曰:

夏后氏孔甲①田于东阳萯山。天大风,晦盲②,孔甲迷惑③,入于民室。主人方乳④,或曰:"后⑤来,是良日也,之子是必大吉。"或曰:"不胜也⑥,之子是必有殃。"后乃取其子以归,曰:"以为余子,谁敢殃⑦之?"子长成人,幕动坼橑⑧,斧斫斩其足,遂为守门者。孔甲曰:"呜呼!有疾,命矣夫!"乃作为《破斧》之歌,实始为东音⑨。

禹行功,见涂山⑩之女。禹未之遇而巡省南土。涂山氏之女乃令其妾候禹于涂山之阳。女乃作歌,歌曰"候人兮猗⑪",实始作为南音。周公及召公取风⑫焉,以为《周南》《召南》。

周昭王亲将征荆。辛馀靡⑬长且多力,为王右⑭。还反涉汉⑮,梁⑯败,王及蔡公抎⑰于汉中。辛馀靡振王北济⑱,又反振蔡公。周公乃侯⑲之于西翟,实为长公⑳。殷整甲㉑徙宅西河,犹思故处,实始作为西音。

长公继是音以处西山㉒。秦缪公取风焉,实始作为秦音。

有娀氏有二佚女㉓,为之九成㉔之台,饮食必以鼓。帝令燕往视之,鸣若谥隘㉕。二女爱而争搏之,覆以玉筐。少选㉖,发㉗而视之,燕遗二卵,北飞,遂不反。二女作歌,一终㉘曰"燕燕往飞",实始作为北音。

凡音者,产乎人心者也。感于心则荡乎音,音成于外而化乎内。是故闻其声而知其风㉙,察其风而知其志,观其志而知其德。盛衰、贤不肖、君子小人皆形㉚于乐,不可隐匿。故曰:乐之为观也,深矣㉛。

土弊㉜则草木不长,水烦则鱼鳖不大,世浊则礼烦而乐淫。郑卫之声、桑间之音㉝,此乱国之所好,衰德之所说㉞。流辟、诐越㉟、慆滥之音出,则滔荡㊱之气、邪慢之心感矣;感则百奸众辟从此产矣。故君子反道以修德,正德以出乐,和乐以成顺。乐和而民乡㊲方矣。

【注释】

① 夏后氏孔甲:夏代君主,名孔甲,禹的第十四代孙。后,君。
② 盲:冥,昏暗。
③ 迷惑:指迷失方向。
④ 乳:生子。
⑤ 后:君,指孔甲。
⑥ 不胜也:指经受不住这福分。
⑦ 殃:活用为动词,害。
⑧ 幕:帐幕。坼(chè):裂。橑(lǎo):屋椽。
⑨ 东音:东方的音乐。
⑩ 涂山:夏禹娶涂山氏之女以及会合诸侯的地方。一说在"会稽";一说在"寿春东北"。
⑪ 猗(yī):语气词,相当于"兮"。
⑫ 取风:即采风。

⑬ 辛馀靡：周昭王的臣子。
⑭ 右：车右，又称骖乘，由勇士担任。
⑮ 汉：汉水。
⑯ 梁：桥。
⑰ 抎（yǔn）：坠落。
⑱ 振：救。济：渡。
⑲ 侯：活用为动词，封为诸侯。
⑳ 长（zhǎng）公：诸侯王。
㉑ 殷整甲：亦作"殷整"。指商王河亶甲，名整。
㉒ 西山：西翟之山，古地名，在今河南内黄东南。
㉓ 有娀（sōng）氏：远古氏族名。佚女：美女。
㉔ 九成：九重，九层。
㉕ 谥隘：象声词。燕子鸣叫的声音。
㉖ 少选：过了一会儿。
㉗ 发：打开。
㉘ 一终：古乐章将奏诗一篇称为一终。
㉙ 风：风俗，风气。
㉚ 形：活用为动词，表现，表露。
㉛ 乐之为观也，深矣：用音乐来审查国风是很深刻的。
㉜ 土弊：土质不好。
㉝ 桑间之音：据说，商朝灭亡，纣的乐官延在桑间投濮水自杀。春秋时，晋国乐官涓经过桑间，听到水面竟然有音乐传来，便记录下来，故名"桑间之音"。后人多将桑间之音看成是亡国之音、靡靡之音。
㉞ 说（yuè）：喜悦。
㉟ 流辟：淫邪放纵。诛（tiǎo）越：声音震荡。
㊱ 滔荡：放荡无羁。
㊲ 乡：同"向"。向往。

【译文】

第三:

夏朝国君孔甲在东阳萯山打猎。突然,天刮起大风,天色昏暗,孔甲迷失了方向,进了一家民屋。这家主人的妻子刚生完孩子。有人说:"君主到来,这是良日,孩子必能吉利。"有人说:"只怕孩子承受不了这个福分,必会遭受灾难。"于是,孔甲把这个孩子带了回去,说:"让他当我的儿子,谁敢害他?"后来,这个孩子长大成人,有一次帐幕掀动,屋椽裂开,斧子掉下来砍断了他的脚,他只能去做守门的官吏。孔甲叹息说:"哎!这种灾难是命中注定的吧!"于是,他创作出了《破斧》歌。这是东方最早的音乐。

禹巡视治水的事情,途中遇到涂山氏的女儿。禹没有来得及与她举行婚礼,就又到南方巡视去了。涂山氏的女儿命令自己的侍女到涂山南面等候迎接禹,她自己作了一首歌,唱道"候望人啊",这是南方最早的音乐。周公和召公时,采诗官曾在那里采风,后人将它们分别称为《周南》《召南》。

周昭王亲自率领军队征伐楚国,辛馀靡身高力大,为他的车右。返回渡汉水时,桥梁突然坏了,周昭王和蔡公跌落到了汉水中。辛馀靡把昭王救到北岸后,又返回救了蔡公。于是,周昭王封辛馀靡为西方的一个诸侯王。殷整甲迁徙到西河,因思念故土,创作出了西方最早的音乐。辛馀靡被封侯后居住在西翟之山,传承了这一音乐。秦穆公时,采诗官曾在那里采风,将其作为秦国的音乐。

有娀氏有两位美貌的女子,为她们建造了九层高台,而且她们饮食时必要有鼓乐相伴。天帝命令燕子去查看。燕子去了,叫声谥隘。那两位女子很喜欢,

争相捕捉，用玉筐罩住了燕子。过了一会儿，当她们揭开筐时，燕子留下了两个蛋，向北飞去，从此没有再回来。她们作了一首歌，歌中唱道"燕燕往飞"，这是北方最早的音乐。

凡是音乐，都产生于人心。心有所感，就会用音乐表达出来，音乐外在的表达会内化于心。所以，听到某一国的音乐就可以了解它的风俗，考察它的风俗就可以知道国君的志趣，观察国君的志趣就可以知道他的德行。盛与衰、贤与不肖、君子与小人都会在音乐中表现出来，隐藏不了。所以说，音乐作为一种观察的方法，它所反映的内容是相当深刻的了。

土质不好草木就不会生长，水流浑浊鱼鳖就不会长大，社会阴暗礼制就会紊乱，音乐就会淫邪。郑卫之声、桑间之音，这是乱国所喜好的，是失德之君所欣赏的。只要淫邪、轻佻、放纵的音乐被创造出来，放荡轻浮的风气、邪恶怠慢的思想就会将人熏染。人们受到这种不好的熏染，就会产生各种各样的邪恶。因此，君子以道为本，修养品德，品德端正后才创作音乐，这样音乐才能和谐，并最终通达理义。国家的音乐和谐，民众就会向往道义。

《合乐图》卷
（五代十国）周文矩（传）　收藏于美国芝加哥美术馆

《仪礼·乡饮酒礼》："乃合乐。"合乐，即诸乐合奏，相当于现在的交响乐。古代皇室贵族在宴饮时，多有合乐。此《合乐图》卷，据学者考证为《韩熙载夜宴图》的母本，其描绘的内容为韩熙载在庭院里欣赏女伎合乐演奏。其中所涉及的乐器有琵琶、竖箜篌、筝、方响、笙、细腰鼓、横笛、筚篥、尺八、拍板、建鼓等，可谓丰富。

东皇太一

云中君

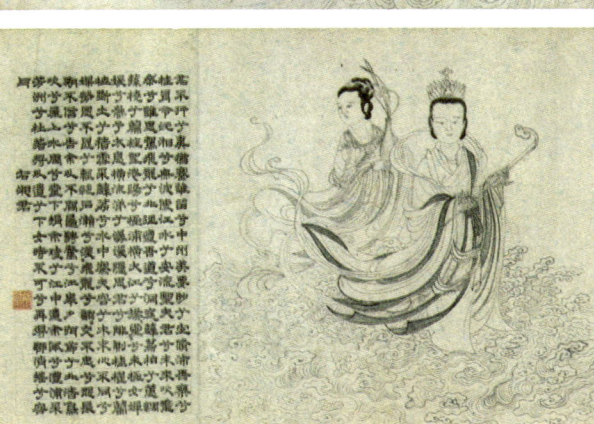

湘君

《九歌图》卷（局部）
（元）张渥　收藏于美国克利夫兰艺术博物馆

《九歌》是屈原根据楚地民间祭神的乐歌加工而成的组诗。「九」泛指多数。屈原的《九歌》共十一篇，《九歌图》卷便是由此而来，依次为《东皇太一》《云中君》《湘君》《湘夫人》《大司命》《少司命》《东君》《河伯》《山鬼》《国殇》《礼魂》。从这幅画中，我们可以窥见先秦时期楚国的祭祀文化。

湘夫人

大司命

少司命

东君

河伯

山鬼

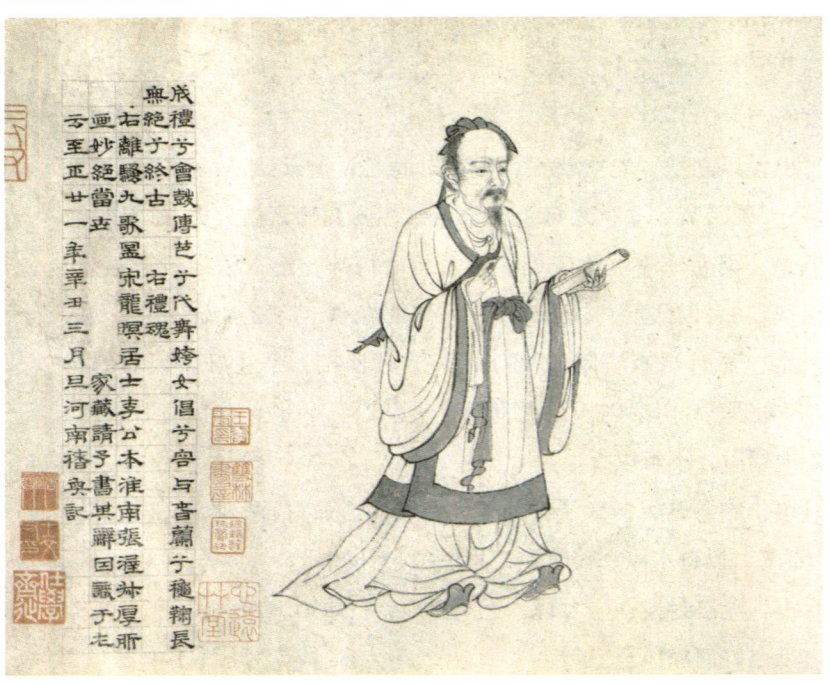

国殇

操吴戈兮被犀甲，车错毂兮短兵接。
旌蔽日兮敌若云，矢交坠兮士争先。
凌余阵兮躐余行，左骖殪兮右刃伤。
霾两轮兮絷四马，援玉枹兮击鸣鼓。
天时怼兮威灵怒，严杀尽兮弃原野。
出不入兮往不反，平原忽兮路超远。
带长剑兮挟秦弓，首身离兮心不惩。
诚既勇兮又以武，终刚强兮不可凌。
身既死兮神以灵，魂魄毅兮为鬼雄。

礼魂

成礼兮会鼓，传芭兮代舞，
姱女倡兮容与，春兰兮秋菊，
长无绝兮终古。

右礼魂

右九歌图宋龙眠居士李公麟笔，张渥临所画妙绝当世，家藏请予书，异日归国赋予之。至正廿一年辛丑三月旦河南禧与记

孟秋纪

孟 秋

一曰：

孟秋之月，日在翼①，昏斗②中，旦毕③中。其日庚辛④，其帝少皞⑤，其神蓐收⑥，其虫毛⑦，其音商，律中夷则。其数九，其味辛，其臭腥，其祀门，祭先肝。凉风至，白露降，寒蝉⑧鸣，鹰乃祭鸟⑨，始用刑戮。天子居总章左个，乘戎路⑩，驾白骆⑪，载白旂，衣白衣，服白玉，食麻与犬，其器廉以⑫深。

是月也，以立秋。先立秋三日，大史谒之天子曰："某日立秋，盛德在金。"天子乃斋。立秋之日，天子亲率三公九卿诸侯大夫，以迎秋于西郊。还，乃赏军率武人于朝。天子乃命将帅，选士厉兵，简练桀俊⑬，专任有功，以征不义，诘诛暴慢，以明好恶，巡彼远方。

是月也，命有司修法制⑭，缮囹圄⑮，具桎梏，禁止奸，慎罪邪，务搏执⑯；命理⑰瞻伤察创、视折审断，决狱讼，必正平，戮有罪，严断刑。天地始肃，不可以赢。

是月也，农乃升谷，天子尝新，先荐寝庙。命百官始收敛，完⑱堤防，谨⑲壅塞，以备水潦；修宫室，坏墙垣，补城郭。

是月也，无以封侯、立大官，无割土地，行重币，出大使。

行之是令，而凉风至三旬。

孟秋行冬令，则阴气大胜，介虫败谷，戎兵乃来；行春令，则其国乃旱，阳气复还，五谷不实；行夏令，则多火灾，寒热不节，民多疟疾。

【注释】

① 翼：星宿名，二十八宿之一。
② 斗：星宿名，二十八宿之一。
③ 毕：星宿名，二十八宿之一。
④ 庚辛：在五行说中，秋季属金，庚辛也属金，所以为"其日庚辛"。
⑤ 少皞：即金天氏，五帝之一，在五行说中，他以金德王天下，被尊为西方金德之帝。
⑥ 蓐收：少皞氏之子，名该，被尊为金德之神。
⑦ 毛：五虫之一。
⑧ 寒蝉：蝉的一种，天凉时开始鸣叫。
⑨ 鹰乃祭鸟：鹰把击杀的飞鸟摆开，像祭祀时陈列祭品一样，古人称之为祭鸟。
⑩ 戎路：兵车，饰有白色。路，同"辂"。
⑪ 骆：黑鬣白马。
⑫ 廉：锋利，指有棱角。以：而。
⑬ 简练：选择训练。简，挑选。桀俊：杰出人才。
⑭ 修：修治，加强。法制：法律规定。指禁令。
⑮ 缮：修缮。囹圄：监狱。
⑯ 搏执：捕获。
⑰ 理：指理官，即法官。
⑱ 完：完整，使动用法，使……完整，修缮。
⑲ 谨：慎。

【译文】

第一：

孟秋七月，太阳的位置在翼宿。日落时，斗宿出现在南方中天；日出时，毕宿出现在南方中天。孟秋在天干排序中属庚辛，主宰之帝为少皞，佐帝之神为蓐收，对应的动物为老虎之类的毛族，对应的声音为商音，对应的音律为夷则。这个月的数字为九，味道为辣味，气味为腥气，要举行的祭祀为门祭，祭祀时，祭品以肝脏为尊。孟秋之月，凉风来到，白露降落，寒蝉鸣叫，鹰捕杀飞鸟。孟秋之月，要开始进行刑罚和杀戮。天子要居住在西向明堂的左侧室，乘坐白色兵车，车前驾白马，插白色龙纹旗；穿白色衣服，佩戴白色饰玉，食用麻籽和狗肉，使用锐利而深邃的器物。

这个月，有立秋的节气。在立秋前三日，太史要向天子禀告说："某日立秋，大德在于金。"于是，天子开始斋戒，以迎接秋天的降临。立秋那日，天子亲自率领三公、九卿、诸侯、大夫到西郊去迎秋。迎秋归来，要在朝堂上赏赐将军和勇武之士。天子要命令将帅挑选精兵，磨砺武器，训练杰出人才，委任有功将士，还要率兵去征讨不义之人，诛伐凶恶之人，以此表明爱恨，让天下人信服归顺。

这个月，天子要命令官吏声明禁令，修理牢狱，制造刑具，禁止奸邪的事情发生，警戒犯罪的邪恶之人，务必将他们捉拿归案。还要命令负责诉讼的官吏察看身体有伤的囚犯。判决诉讼，必要公正，杀人有罪，严惩不贷。孟秋之月，天地开始有肃杀之气，不能焦躁动气。

这个月，农民开始进献五谷。天子要品尝新收获的谷物，但首先要祭献祖庙。天子要命令百官催促百姓收藏谷物，修缮堤坝，仔细检查水道堵塞的情况，以防备洪水，还要修缮宫室，加高墙垣，修理城郭。

这个月，不分封诸侯，不任命高官，不赏赐土地，不馈赠礼物，不出使。

这个月，施行应时的政令，凉风就会及时到来，三旬每旬来一次。如果施行应在冬天施行的政令，那么阴气将过盛，谷物就会被甲壳动物毁害，国家就会被敌军侵扰。如果施行应在春天施行的政令，那么国家就会发生旱灾，阳气就会重来，五谷就不会结果。如果施行应在夏天施行的政令，那么火灾就会频繁出现，寒热就会失去节度，百姓就会身患疟疾。

《皇朝礼器图式》彩绘零本
（清）允禄、蒋溥等￤纂修

《皇朝礼器图式》完成于乾隆二十四年（1759），是一部记载清代典章制度类器物的政书图谱，全书十八卷，分为六部分：卷一、卷二为祭器；卷三，仪器；卷四至卷七，冠服；卷八、卷九，乐器；卷十至卷十二，卤簿；卷十三至卷十八，武备。《吕氏春秋》是专门为秦始皇统一六国后治理国家而编撰的书。在『纪』的『月令』部分，如『天子居总章左个，乘戎路，驾白骆，载白旗，衣白衣，服白玉，食麻与犬，其器廉以深』，对帝王的各种活动都做了明确的规范。这些礼制历来受到皇家重视，成为治国施政的重要指南。《皇朝礼器图式》体例完备，在此节选部分，供大家一览。

皇帝夏朝冠图

皇帝冬朝冠图

皇帝衮服图

收藏于英国维多利亚与阿尔伯特博物馆

皇帝夏朝服圖

收藏于英国维多利亚与阿尔伯特博物馆

皇帝冬朝服一圖

收藏于英国维多利亚与阿尔伯特博物馆

皇太后皇后冬朝袍一圖

收藏于加拿大阿尔伯塔大学博物馆

皇太后皇后冬朝袍二圖

收藏于加拿大阿尔伯塔大学博物馆

荡兵（一作用兵）

二曰：

古圣王有义兵而无有偃①兵。兵之所自来者上②矣，与始有民俱。凡兵也者，威也；威也者，力也。民之有威力，性也。性者，所受于天也，非人之所能为也。武者不能革③，而工者④不能移。

兵所自来者久矣。黄、炎故⑤用水火矣，共工氏固次作难⑥矣，五帝固相与争矣。递⑦兴废，胜者用事⑧。人曰"蚩尤作兵⑨"，蚩尤非作兵也，利其械⑩矣。未有蚩尤之时，民固剥⑪林木以战矣。胜者为长，长则犹不足治之，故立君。君又不足以治之，故立天子。天子之立也出于君，君之立也出于长，长之立也出于争。争斗之所自来者久矣，不可禁，不可止。故古之贤王有义兵而无有偃兵。

家无怒⑫笞，则竖子⑬、婴儿之有过也立见；国无刑罚，则百姓之相侵也立见；天下无诛伐，则诸侯之相暴⑭也立见。故怒笞不可偃于家，刑罚不可偃于国，诛伐不可偃于天下，有巧有拙而已矣。故古之圣王有义兵而无有偃兵。

夫有以噎⑮死者，欲禁天下之食，悖；有以乘舟死者，欲禁天下之船，悖；有以用兵丧其国者，欲偃天下之兵，悖。夫兵不可偃也，譬之若水火然，善用之则为福，不能用之则为祸；若用药者然，得良药则活人，得恶药则杀人。义兵之为天下良药也亦大矣。

且兵之所自来者远矣，未尝少选⑯不用。贵贱、长少、贤不肖者相与同，有巨有微而已矣。察兵⑰之微：在心而未发，兵也；疾视⑱，兵也；作色⑲，兵也；傲言⑳，兵也；援推㉑，兵也；连反㉒，兵也；侈斗㉓，兵也；三军攻战，兵也。此八者皆兵也，微巨之争也。今世之以偃兵疾说㉔者，终身用兵而不自知悖，故说虽强，谈虽辨，文学虽博，犹不见听。故古之圣王有义兵而无有偃兵。

兵诚义，以诛暴君而振苦民，民之说也，若孝子之见慈亲也，若饥者之见美食也；民之号呼而走之，若强弩之射于深谿㉕也，若积大水而失其壅㉖堤也。中主㉗犹若不能有其民，而况于暴君乎？

【注释】

① 偃：止息。
② 上：久。
③ 革：革新。
④ 工者：有才能的人。
⑤ 故：已经。
⑥ 共（gōng）工氏：部族首领，与颛顼争为帝，失败后被杀。次：通"恣"，恣意。作难：发难。
⑦ 递：更迭，替代。
⑧ 用事：指治理天下。
⑨ 蚩尤：传说中东方九黎族的首领。作兵：制造兵器。
⑩ 械：兵器。
⑪ 剥：砍削。
⑫ 怒：斥责。
⑬ 竖子：童仆。
⑭ 暴：侵侮。
⑮ 饐（yē）：通"噎"。
⑯ 少选：须臾。
⑰ 兵：指战争。
⑱ 疾视：怒目而视。
⑲ 作色：指因生气而脸变颜色。

⑳ 傲言：言辞傲慢。

㉑ 援推：指以手相搏。

㉒ 连反：指以足相搏。

㉓ 侈斗：指群斗。侈，恣意放纵。

㉔ 疾说：极力游说。

㉕ 豀：山谷。

㉖ 壅：堵塞。

㉗ 中主：一般的君主。

【译文】

第二：

古代圣王主张正义的战争，并且从未废止过战争。战争由来已久，从有人类时就有战争了。战争，要靠威势，威势是力量的体现。拥有威力是人的天性。人的天性秉承于天，不是人力所能造就的。勇武的人不能改变它，机巧的人也不能移易它。

战争由来已久。黄帝、炎帝时就已经会用水火攻防了，其后共工氏恣意发难，五帝之间互相争斗。他们顺次兴起、灭亡，胜利者统治天下。人们说"蚩尤创造了兵器"，其实，并不是蚩尤创造了兵器，他只不过是把兵器打造得更锋利罢了。在蚩尤之前，人们已经会砍削树木制作武器战斗了。胜利者成为首领，当首领不足以治理好百姓的时候，就立君王。当君王还不足以治理好百姓的时候，就立天子。天子是在有君王的基础上产生的，君王是在有首领的基础上产生的，首领是在有战争的基础上产生的。争斗由来已久，不能禁止，也不能平息。所以，古代贤王主张正义的战争，从未废止战争。

如果家中没有惩罚，那么僮仆、孩子犯过错的事就会立刻出现；如果国中没有刑罚，那么百姓之间相互侵夺的事就会立刻出现；如果天下没有征伐，那么诸侯国之间互相侵犯的事就会立刻出现。所以，家中不可废止惩罚，国中不可废止刑罚，天下不可废止征伐，只不过在运用上有的高明、有的笨拙罢了。所以，古代贤王主张正义的战争，从未废止战争。

因为有人吃饭噎死了，就要禁止天下人吃饭，这是荒谬的；因为有人乘船淹死了，就要禁止天下人乘船，这是荒谬的；因为有人因发动战争而亡国，就要废止天下的一切战争，这同样是荒谬的。战争是不可废止的，它就像水火一样，善用能造福于人，不善用则会造成灾祸，它还像给人治病用药，良药能把人救活，毒药则能把人杀死。正义的战争就是治理天下的良药！

况且，战争由来已久，没有一刻不用。人们无论贵贱、长少、贤与不肖都发动过战争，只不过有大有小罢了。从细微之处考察战争可知：争斗之意隐藏在心中，还没有表露出来是战争；怒目而视是战争；脸带怒色是战争；言语桀骜是战争；推拉相搏是战争；两人对打是战争；多人斗殴是战争；三军攻战是战争。这八种情况都是战争，只不过规模有小有大罢了。如今极力鼓吹废止战争的人，他们的一生都在用兵，却不知道自己言行不一致。因此，他们的游说虽然很有说服力，言谈虽然很雄辩，引用文献典籍虽然很广博，但仍然不被听取采纳。所以，古代贤王主张正义的战争，从未废止战争。

如果用正义的战争诛杀残暴的君王，拯救苦难的民众，那么民众就会对正义的战争感到喜悦，他们会像孝子见到了慈爱的父母、饥饿的人见到了甘美的食物一样期待正义的战争降临；他们呼喊着奔向正义的战争，像弩箭射向深谷，像蓄积的大水冲垮堤坝。在这种情况下，才能平庸的君王都不能保有他的民众，更何况暴君呢？

仲秋纪

仲　秋

一曰：

仲秋之月，日在角①，昏牵牛中，旦觜巂②中。其日庚辛，其帝少皞，其神蓐收，其虫毛，其音商，律中南吕。其数九，其味辛，其臭腥，其祀门，祭先肝。凉风生，候雁来，玄鸟③归，群鸟养羞④。天子居总章太庙⑤，乘戎路，驾白骆，载白旂，衣白衣，服白玉，食麻与犬，其器廉以深。

是月也，养衰老，授几⑥杖，行糜⑦粥饮食。乃命司服具饬衣裳⑧，文绣有常，制有小大，度有短长，衣服有量，必循其故；冠带有常。命有司⑨申严百刑，斩杀必当，无或枉桡⑩，枉桡不当，反受其殃。

是月也，乃命宰祝巡行牺牲，视全具，案刍豢⑪，瞻肥瘠，察⑫物色，必比类⑬，量小大，视长短，皆中度⑭。五者备当，上帝其享。天子乃傩⑮，御佐疾⑯，以通秋气。以犬尝麻⑰，先祭寝庙。

是月也，可以筑城郭，建都邑，穿窦窖⑱，修囷仓⑲。乃命有司趣民收敛，务蓄菜，多积聚。乃劝种麦，无或失时，行罪无疑。

是月也，日夜分，雷乃始收声，蛰虫俯户⑳。杀气浸盛，阳气日衰，水始涸。日夜分，则一㉑度量，平权衡㉒，正钧石㉓，齐斗甬㉔。

是月也，易关市㉕，来㉖商旅，入货贿㉗，以便民事。四方来杂㉘，远乡皆至，则财物不匮㉙，上无乏用，百事乃遂。凡举事无逆天数㉚，必顺其时，乃因其类。

行之是令，白露降三旬。

仲秋行春令，则秋雨不降，草木生荣㉛，国乃有大恐；行夏令，则其国旱，蛰虫不藏，五谷复生；行冬令，则风灾数起，收雷先行，草木早死。

【注释】

① 角：星宿名，二十八宿之一。
② 觜巂：星宿名，二十八宿之一。简称"觜"。
③ 玄鸟：燕子。
④ 养羞：指鸟养护毛羽准备过冬。
⑤ 总章太庙：西向明堂的中央正室。
⑥ 几：小桌。
⑦ 行：赐予。糜，通"糜"，粥。
⑧ 饬：整饬。衣：上衣。裳：下衣。
⑨ 有司：指司法官吏。
⑩ 枉桡：弯曲。"枉"指不按法律公正断案，"桡"指不按公理申明正义。
⑪ 案：考察。刍豢：豢养。
⑫ 察：检查。
⑬ 比类：合乎旧例。
⑭ 中度：符合标准。
⑮ 傩：祭祀名，逐除灾疫、不祥的祭祀。
⑯ 御。止。佐疾：指疫疠。
⑰ 麻：麻籽。
⑱ 穿：挖。窦窌（jiào）：地窖。
⑲ 囷（qūn）仓：仓库。圆的叫囷，方的叫仓。

⑳　俯户：潜伏在门户间。
㉑　一：活用为动词，统一。
㉒　平：使动用法，使……平。权：秤锤。衡：秤杆。
㉓　正：使动用法，使……正，校正。钧：三十斤。石：一百二十斤。
㉔　齐：使动用法，使……齐，一致。斗甬：量器。甬，即"桶"。
㉕　易：使动用法，使……易，减轻。关市：指关市税收。
㉖　来：使动用法，使……来，招来。
㉗　入：纳入。货贿：钱财。
㉘　杂：会集。
㉙　匮：缺乏。
㉚　天数：天道，自然的规律。
㉛　荣：花。

【译文】

第一：

仲秋八月，太阳的位置在角宿。日落时，牛宿出现在南方中天；日出时，觜宿出现在南方中天。秋天的第二个月在天干排序中属庚辛，主宰之帝为少皞，佐帝之神为蓐收，对应的动物为老虎一类的毛族，对应的声音为商音，对应的音律为南吕。这个月的数字为九，味道为辣味，气味为腥气，要举行的祭祀为门祭，祭祀时，祭品以肝脏为尊。秋天的第二个月，凉风发生，候雁北来，燕子南归，鸟类养护增生羽毛来御寒。天子要居住在西向明堂的中央正室，乘白色兵车，车前驾白马，插白色龙纹旗；穿白色衣服，佩戴白色饰玉，食用麻籽和狗肉，使用锐利而深邃的器物。

这个月，国人要赡养老人，赠予他们几案和手杖，供给他们稀粥饮食。天子要命令主管服制的官吏准备衣裳，祭服的文饰要按固定规格制作，大小长短要符合制度，祭服之外的服饰也要符合尺寸规定，这些服制除了必须依照惯例外，还应该根据服制的不同，来调整冠带的规格。天子要命令司法官重申各种刑罚的威严，斩杀罪犯一定要恰当，不能有冤案。如果有冤案，执法者就会遭受灾祸。

这个月，天子命令主管祭祀的官吏巡视用于祭祀的牺牲，查看它们的形体是否完整，喂养得是肥是瘦，毛色是否纯一，这些一定要符合旧例，还要量量它们的大小、长短，这些也都要符合标准。牺牲的形体、肥瘦、毛色、大小、长短都完全适当，才能用作给天帝享用的祭品。然后，天子要举行傩祭，逐除疫疠，以通金秋之气。傩祭时，天子要就着狗肉品尝麻籽，但要先把它进献给祖庙。

这个月，可以筑城郭，建都邑，挖地窖，修仓廪。天子要命令主管税收的官吏督促百姓收敛谷物，储藏过冬的干菜，积聚柴草。还要勉励农民及时种植冬麦，不要错过农时。对错过农时的农民，要给予处罚。

这个月，有秋分的节气。那天，昼夜平分，雷声开始消失。蛰虫藏入洞穴。阴气渐盛，阳气日衰，水开始干涸。那天，昼夜平分，要及时统一和校正各种度量衡器具，如秤锤、秤杆、斗、桶等。

这个月，要减少关市税收，招揽各地商人和旅客，收纳财物，以利于民众的生产和生活。如果四方商旅前来聚集，连偏远乡邑的商旅也来了，那么，财物就不缺乏，国家税收就会充足，就能应对各种国家大事。仲秋之月，做事情不能违背天道，且必须顺应天时，按事情类别，什么时候该做什么就做什么。

施行应时的政令，那么白露每旬会按时降落一次。秋天的第二个月，如果施行应在春天施行的政令，那么秋雨就会停而不降，草木就会重新开花，国家就会有大的恐慌；如果施行应在夏天施行的政令，那么国家就会出现旱灾，蛰虫就不再藏伏，五谷就会重新萌芽生长；如果施行应在冬天施行的政令，那么风灾就会频繁发生，雷声就会提前收敛，草木就会过早枯亡。

《出警入跸图》
（明）佚名　收藏于台北故宫博物院

在中国古代，帝王祭祀先祖，主要有宗庙祭祀和陵寝祭祀两种方式。宗庙祭祀属于大祀，帝王必然亲祭。陵寝祭祀有时属于大祭，如清明、中元等；有时属于小祭，如正旦、孟冬等。并且，陵寝祭祀帝王一般只派遣官员代为进行，亲自前往的很少。陵寝祭祀是中国古代祭

《出警图》卷（局部）

祀体系的组成部分，具有深刻的教化作用。《出警入跸图》描绘的是明神宗朱翊钧谒陵的场景，对于了解皇家陵寝祭祀有着珍贵的史料价值。《出警图》卷、《入跸图》卷因同为神宗扫墓、巡视的过程，而被统称为《出警入跸图》。《出警图》卷由右往左，神宗骑马，由陆路从德胜门出发，前往离京城四十五千米外的天寿山。《入跸图》卷相反，由左往右，神宗率众坐船，走水路还宫。两图人物众多，场面宏大，笔法细腻，可以从中看到明朝皇家陵寝祭祀的历史情况。

《入跸图》卷（局部）

181

季秋纪

季 秋

一曰：

季秋之月，日在房①，昏虚②中，旦柳中。其日庚辛，其帝少皞，其神蓐收，其虫毛，其音商，律中无射。其数九，其味辛，其臭腥，其祀门，祭先肝。候雁来，宾爵入大水为蛤③。菊有黄华④，豺则祭兽戮禽。天子居总章右个，乘戎路，驾白骆，载白旂，衣白衣，服白玉，食麻与犬，其器廉以深。

是月也，申严号令，命百官贵贱无不务入，以会⑤天地之藏，无有宣⑥出。命冢宰⑦，农事备⑧收，举五种之要。藏帝籍之收于神仓⑨，祗敬必饬⑩。

是月也，霜始降，则百工休。乃命有司曰："寒气总⑪至，民力不堪，其皆入室。"上丁，入学习吹。

是月也，大飨帝，尝牺牲，告备于天子。合诸侯，制百县，为来岁受朔日⑫，与⑬诸侯所税于民，轻重之法，贡职⑭之数，以远近土地所宜为度，以给郊庙之事，无有所私。

是月也，天子乃教于田猎，以习五戎⑮，獀⑯马。命仆及七驺⑰咸驾，载旍旐⑱舆，受车以级，整设于屏外；司徒搢⑲扑，北向以誓⑳之。天子乃厉服厉饬㉑，执弓操矢以射。命主祠祭禽于四方。

是月也，草木黄落，乃伐薪为炭。蛰虫咸俯在穴，皆墐㉒其户。乃趣狱刑，无留有罪，收㉓禄秩之不当者，共㉔养之不宜者。

是月也，天子乃以犬尝稻，先荐寝庙。

季秋行夏令，则其国大水，冬藏殃败，民多鼽㉕窒；行冬令，则国多盗贼，边境不宁，土地分裂；行春令，则暖风来至，民气解堕㉖，师旅必兴。

【注释】

① 房：星宿名，二十八宿之一。
② 虚：星宿名，二十八宿之一。
③ 宾爵（què）：指老雀。爵，通"雀"。大水：指海。蛤：蛤蜊。古人认为雀入海化为蛤，这是不科学的说法。
④ 华：花。
⑤ 会：合。
⑥ 宣：疏散。
⑦ 冢（zhǒng）宰：官名，六卿之一，也称太宰。
⑧ 备：尽。
⑨ 神仓：储藏供祭祀上帝神祇所用谷物的谷仓。
⑩ 饬：正。
⑪ 总：猝然。
⑫ 朔日：指每月初一。因每月初一日月运行在同一个黄道经度上，故称。古人非常重视朔日，每年年末，天子都要颁布来年十二个月的朔日，由诸侯每月告知百姓。
⑬ 与：连词，及，和。
⑭ 贡职：指献给天子的贡赋。
⑮ 五戎：五种兵器，一般指刀、剑、矛、戟、矢。
⑯ 獀：选择。
⑰ 仆：指田仆，田猎时，其负责驾驭猎车。七驺（zōu）：指趣马，田猎时负责套马和卸马的人。

《上林羽猎图》卷

（元） 佚名 收藏于台北故宫博物院

天子狩猎在周朝作为一种礼制被确定下来，历代沿袭。据《周礼》记载，天子要进行四季田猎，分别称为春蒐、夏苗、秋狝、冬狩。春蒐，只搜猎没有怀孕的飞禽走兽；夏苗，主要猎捕野兽；秋狝，主要猎杀吃家禽的动物；冬狩最为隆重，飞禽走兽正肥，不限制猎捕对象，一般也是天子进行大型狩猎的时候。天子狩猎是一场大型的皇室活动，开始前，需要进行拓展校猎场地、运输物资装备、布置警卫巡逻、悬挂指示旗帜等准备。其间，天子还要通过狩猎活动来检阅军队。天子狩猎更多的是一种象征性活动，所以天子一般也不是真的想在野外狩猎。据《史记·殷本纪》记载，天子狩猎，三面驱兽，前开一面。可知，天子在狩猎时，由士兵从三面追赶，使受到惊吓的野兽往天子狩猎的方向逃跑，天子可以很轻松地猎取到野兽。狩猎到的猎物，主要用来祭祀、宴乐和充御厨。此卷据司马相如的名作《上林赋》所绘，描绘的是汉代天子的离宫别馆；天子校阅游猎的队伍；天子骑马在广阔的江水游翔的水族与飞禽；天子的盛大的游猎场景。全卷分为七段，依次是虚构人物子虚、乌有、亡是公在屋中对话；展开狩猎活动；在楼台举行歌舞宴乐，狩猎结束，返回皇宫。

虚构人物子虚、乌有、亡是公在屋中对话

在广阔的江水游翔的水族与飞禽

天子的离宫别馆

186

天子校阅游猎的队伍

天子骑马展开狩猎的活动

在楼台举行歌舞宴乐

狩猎结束，返回朝廷

⑱ 旌（jīng）：旌旗。旐（zhào）：绘有龟蛇图纹的旗帜。
⑲ 司徒：官名，六卿之一，主管教化。搢（jìn）：插。
⑳ 誓：戒。
㉑ 厉服：指戎装。厉饬：指刀剑。饬，通"饰"，饰物。
㉒ 墐（jǐn）：用泥涂柴门来挡风。
㉓ 收：收缴。
㉔ 共：通"供"。
㉕ 鼽（qiú）：鼻不通。
㉖ 解堕：松懈懒惰。

【译文】

第一：

季秋九月，太阳运行的位置在房宿。日落时，虚宿出现在南方中天；日出时，柳宿出现在南方中天。季秋九月在天干排序中属庚辛，主宰之帝为少皞，佐帝之神为蓐收，对应的动物为老虎一类的毛族，对应的声音为商音，对应的音律为无射。这个月的数字为九，味道为辣味，气味为腥气，要举行的祭祀为门祭，祭祀时，祭品以肝脏为尊。这个月，候鸟北来，雀鸟飞入大海化为蛤蜊，黄菊开花，豺开始杀戮禽兽。天子要居住在西向明堂的右侧室，乘白色兵车，车前驾白马，插白色龙纹旗，穿白色衣服，佩戴白色饰玉，食用麻籽和狗肉，使用锐利而深邃的器物。

这个月，天子要重申各种号令。要命令全民从事收敛的工作，来顺应天地收藏之气，不得有泄出。要命令太宰，在农作物收成后，登记造册，把天子籍田中收获的谷物藏入神仓，且必须恭敬严正。

这个月，霜降后，百匠就不再制作器物。天子要命令司徒："寒气突来，怕百姓经受不起，让他们都进屋准备过冬。"上旬的丁日，乐工要进入太学练习各种吹奏的乐器，演习礼乐。

这个月，天子要遍祭五帝，命令主管官吏准备牺牲祭祀群神，准备完毕后禀告天子。天子要聚会诸侯、百县大夫，向他们颁授来年的朔日，以及诸侯向百姓征税的税规、诸侯向天子纳贡的赋额，税收轻重、纳贡赋额都要以地区的远近和土地出产的情况为依据。这些赋税供祭祀之用，不能私藏。

这个月，天子要趁打猎之时来治兵，以此让士兵熟悉兵器、会选良马。在这个过程中，天子要命令田仆和负责套马卸马的人来驾车，车要插各种旗帜，参加田猎的人按照等级分别赠予车辆，车子要按顺序整齐地停放在屏垣之外。司徒要将教具插在腰带间，向北面告诫众人。天子要穿威武的戎装，并佩带刀剑，持弓箭射猎。之后，命令主管祭祀的官吏用猎取到的鸟兽祭祀四方的神明。

这个月，草木黄落，可以伐薪烧炭。蛰伏的动物都藏伏在洞穴里，并封严洞口。季秋之月，天子要督促官吏审理诉讼案件，不能留下有罪应判决的案件。要收缴那些无功之人的俸禄和官爵，以及不应得到国家供养之人的供养资格。

这个月，天子要就着狗肉品尝稻米，不过要首先进献给祖庙。

季秋如果施行应在夏天施行的政令，那么国家就会发生水灾，收藏起来准备过冬的谷物菜蔬就会腐坏，百姓就会患鼻塞窒息的疾病；如果施行应在冬天施行的政令，那么国家就会盗贼横生，边境就会不得安宁，土地就会被敌国侵略蚕食；如果施行应在春天施行的政令，那么暖风就会过早到来，百姓就会懈怠，战争就会兴起。

审　己

四曰：

凡物之然也，必有故①。而②不知其故，虽当③，与不知同，其卒④必困。先王、名士、达师之所以过俗者，以其知⑤也。水出于山而走于海，水非恶山而欲海也，高下⑥使之然也。稼生于野而藏于仓，稼非有欲也，人皆以⑦之也。

故子路捽⑧雉而复释之。

子列子⑨常射中矣，请之于关尹子⑩。关尹子曰："知子之所以中乎？"答曰："弗知也。"关尹子曰："未可。"退而习之三年，又请。关尹子曰："子知子之所以中乎？"子列子曰："知之矣。"关尹子曰："可矣，守而勿失。"非独射也，国之存也，国之亡也，身之贤也，身之不肖也，亦皆有以⑪。圣人不察存亡、贤不肖，而察其所以也。

齐攻鲁，求岑鼎⑫。鲁君载他⑬鼎以往。齐侯弗信而反⑭之，为非，使人告鲁侯曰："柳下季⑮以为是，请因受之。"鲁君请于柳下季，柳下季答曰："君之赂以欲岑鼎⑯也，以免国也。臣亦有国⑰于此。破臣之国以免君之国，此臣之所难也。"于是鲁君乃以真岑鼎往也。且⑱柳下季可谓能说矣。非独存己之国也，又能存鲁君之国。

齐湣王⑲亡居于卫，昼日步足⑳，谓公玉丹㉑曰："我已亡矣，而不知其故。吾所以亡者，果何故哉？我当已㉒。"公玉丹答曰："臣以王为已知之矣，王故㉓尚未之知邪？王之所以亡者，以贤也。天下之王皆不肖，而恶王之贤也，因相与合兵而攻王。此王之所以亡也。"湣王慨焉太息曰："贤固若是其苦邪？"此亦不知其所以也。此公玉丹之所以过也。

越王授㉔有子四人。越王之弟曰豫，欲尽杀之，而为之后。恶其三人而杀之矣。国人不说，大非㉕上。又恶其一人而欲杀之，越王未之听。其子恐必死，因㉖国人之欲逐豫，围王宫。越王太息曰："余不听豫之言，以罹㉗此难也。"亦不知所以亡也。

【注释】

① 故：缘故，原因。
② 而：相当于"若"，如果。
③ 当：得当。
④ 卒：终。
⑤ 知：知故。
⑥ 高下：指山高海低的地势。
⑦ 以：动词，用。

⑧ 拚：通"掩"，覆而取之，罩住。
⑨ 子列子：战国时期郑国人，姓列，名御寇。子，古代对男子的尊称。
⑩ 关尹子：战国时期道家人物，名喜，为函谷关令，又称关令尹。
⑪ 有以：有原因。
⑫ 岑鼎：鲁国宝鼎。
⑬ 他：别的。
⑭ 反：通"返"，归还。
⑮ 柳下季：春秋时期鲁国大夫展禽，字季，食邑在柳下，故称柳下季。死后谥惠，故又称柳下惠。
⑯ 赂以欲岑鼎：相当于"赂以所欲之岑鼎"。
⑰ 国：这里指信誉。
⑱ 且：等于"若"，如果。
⑲ 齐湣王：战国时期齐国国君，姓田，名地。
⑳ 步足：散步。
㉑ 公玉丹：齐湣王的臣子。
㉒ 已：止，指克服。
㉓ 故：相当于"乃"。
㉔ 越王授：越王勾践六世孙无颛。疑即《贵生》篇的"王子搜"。
㉕ 非：非议，责难。
㉖ 因：凭借。
㉗ 罹：遭受。

【译文】

第四：

大凡物之所以这样，必有原因。如果不知道它形成的原因，虽然做事合理得当，但也相当于不知道，最终还会被外物所困。先王、名士、达师之所以智力能超过平庸之辈，正是因为他们知道事物之所以如此的原因。水从山中流出奔向大海，并不是水厌恶山而喜欢海，而是因为山高海低的地势。庄稼生在田野而收藏在仓库中,并不是庄稼想要被收藏,而是因为人们需要它。

所以,子路捉到野鸡却又放了,是因为他不知道为什么能捉到它。

以前,子列子射中靶子后,向关尹子请教射箭的道理。关尹子问他:"你知道你为什么射中吗?"子列子回答:"不知道。"关尹子说:"那么现在我还不能告诉你射箭的道理。"子列子回去练习射箭,练习三年后又去请教。关尹子问他:"你知道你为什么射中了吗?"子列子说:"知道了。"关尹子说:"可以了,你要记住而不要忘掉其中的道理。"不只是射箭如此,国家的存亡,人的贤与不肖,也都各有原因。圣人不去考察存亡、贤和不肖本身,而是考察造成它们这样的原因。

齐国攻打鲁国,想要索取鲁国的岑鼎。鲁侯用车拉着另一只鼎送给齐国。齐侯不信它是真的岑鼎,把它退了回去,并派人告诉鲁侯:"如果柳下季认为它是岑鼎,我就愿意接受。"鲁侯向柳下季求助。柳下季说:"您答应齐侯把岑鼎送给他,为的是使国家免除灾难。我自己也有个'国家',即信誉,让我抛弃信誉去拯救您的国家,这是我办不到的。"于是,鲁侯把真的岑鼎运去齐国。柳下季算得上善于劝说国君了,不仅保住了自己的信誉这个"国家",还保住了鲁侯的国家。

齐湣王流亡到卫国。有一次,他在白天散步时问公玉丹:"我已流亡国外了,却不知道为什么。我如果能真正知道我为什么流亡的话,我肯定会纠正自己的过失。"公玉丹回答说:"我以为您已经知道了呢,您竟然还不知道吗?您之所以流亡,是因为您过于贤明。天下其他的君王都不肖,因而憎恶您的贤明,于是,他们互相勾结,联合发兵来攻伐您。这就是您流亡的原因呀!"齐湣王感叹说:"君主贤明竟然要受这样的苦呀!"齐湣王这样还是不知道自己为什么流亡呀!这就是公玉丹之所以能够蒙骗他的原因了!

越王授有四个儿子,他的弟弟名豫。豫想杀尽越王的四个儿子,自己继承王位。豫毁谤其中的三个儿子,让越王将他们都杀掉了。国人很愤怒,都去指责越王。豫又毁谤越王最后的一个儿子,想让越王将其杀掉,越王没有听从。越王最后的一个儿子害怕自己被杀,于是借助国人的愿望将豫驱逐出国,并包围了王宫。越王叹息说:"我不采纳豫的建议,因此才遭受了这样的灾祸。"越王这也是不知自己为什么灭亡呀!

孟冬纪

孟　冬

一曰：

孟冬之月，日在尾①，昏危②中，旦七星③中。其日壬癸④，其帝颛顼⑤，其神玄冥⑥，其虫介⑦，其音羽，律中应钟。其数六，其味咸，其臭朽，其祀行⑧，祭先肾。水始冰，地始冻，雉入大水为蜃⑨。虹藏不见。天子居玄堂左个，乘玄辂，驾铁骊⑩，载玄旂，衣黑衣，服玄玉，食黍与彘，其器宏⑪以弇。

是月也，以立冬。先立冬三日，太史谒之天子曰："某日立冬，盛德在水。"天子乃斋。立冬之日，天子亲率三公九卿大夫，以迎冬于北郊。还，乃赏死事⑫，恤孤寡。

是月也，命太卜祷祠龟策，占兆审卦吉凶。于是察阿上乱法者则罪之⑬，无有掩蔽⑭。

是月也，天子始裘⑮，命有司曰："天气上腾，地气下降，天地不通，闭而成冬。"命百官谨盖藏。命司徒循行积聚，无有不敛；坿⑯城郭，戒门闾，修楗闭⑰，慎关籥⑱，固封玺⑲，备边境，完要塞，谨关梁⑳，塞蹊径㉑，饬丧纪，辨衣裳㉒，审棺椁㉓之厚薄，营丘垄之小大、高卑、薄厚之度，贵贱之等级。

是月也，工师效功，陈㉔祭器，按度程㉕，无或作为淫巧，以荡上心，必功致㉖为上。物勒㉗工名，以考其诚；工有不当，必行其罪，以穷其情㉘。

是月也，大饮蒸㉙，天子乃祈来年于天宗㉚。大割㉛，祠于公社㉜及门闾，飨先祖五祀㉝，劳农夫以休息之。天子乃命将率㉞讲武，肄射御、角㉟力。

是月也，乃命水虞渔师㊱收水泉池泽之赋，无或敢侵削众庶兆民，以为天子取怨于下，其有若此者，行罪无赦。

孟冬行春令，则冻闭不密，地气发泄，民多流亡。行夏令，则国多暴风，方冬不寒，蛰虫复出。行秋令，则雪霜不时，小兵时起，土地侵削。

【注释】

① 尾：星宿名，二十八宿之一。
② 危：星宿名，二十八宿之一。
③ 七星：星宿名，即星宿，二十八宿之一。
④ 壬癸：在五行说中，冬季属水，壬癸也属水，所以"其日壬癸"。
⑤ 颛顼：即高阳氏，五帝之一。他以水德王天下，因此被尊为北方水德之帝。
⑥ 玄冥：少皞之子，名循，被尊为水德之神。
⑦ 介：甲。
⑧ 行：五祀之一。
⑨ 雉：山鸡。大水：指淮河。蜃：蛤蜊。
⑩ 铁骊：黑马。
⑪ 宏：大。
⑫ 死事：指殉国之事。
⑬ 阿上：阿谀上司。罪：活用为动词，判罪，处罚。
⑭ 掩蔽：遮蔽，包庇。
⑮ 裘：皮衣。这里活用为动词，穿皮衣。
⑯ 坿（fù）：增加。指加高加固城墙。

⑰ 楗：门上的木栓。闭：穿门臼的孔。

⑱ 关：应为"管"。管籥：锁铜。

⑲ 封玺：指盖印章的加封处。

⑳ 关：关口。梁：桥梁。

㉑ 蹊径：田间小路。

㉒ 辨：分辨。衣裳：指寿衣。

㉓ 棺：内棺。椁：外棺。

㉔ 陈：摆出。百工所制器物以祭器为尊，所以举出以为代表。

㉕ 度程：法度程式，指器物大小容量等。

㉖ 功致：精巧细致。

㉗ 勒：刻。

㉘ 穷：深究。情：指诈巧之情。

㉙ 大饮：盛宴。蒸：祭名。

㉚ 天宗：指日月星辰。日为阳宗，月为阴宗，北辰为星宗。

㉛ 大割：指大杀祭祀用的牺牲。

㉜ 公社：官社、国社，即祭祀后土之神的地方。

㉝ 五祀：指户、灶、中霤、门、行五种祭祀。

㉞ 将率：将帅。

㉟ 角：比试。

㊱ 水虞：掌管水利的官。渔师：掌管水产的官。

【译文】

第一：

孟冬十月，太阳的位置在尾宿。日落时，危宿出现在南方中天；日出时，星宿出现在南方中天。孟冬在天干排序中属壬癸，主宰之帝为颛顼，佐帝之神为玄冥，对应的动物为龟鳖之类的甲族，对应的声音为羽音，对应的音律为应钟。这个月的数字为六，味道为咸味，气味为朽气，要举行祭祀为行祭，祭祀时，祭品以肾脏为尊。孟冬之月，水开始结冰，地开始封冻，山鸡钻入淮水化为蛤蜊，彩虹消失不见。天子要居住在北向明堂的左侧室,乘黑车,车前驾黑马,插黑色龙纹旗,穿黑色衣服,佩戴黑色饰玉,食用黍米和猪肉,使用宏大而敛口的器物。

这个月,有立冬的节气。立冬三日前,太史要向天子禀告:"某天立冬,大德在于水。"于是,天子开始斋戒,准备迎接冬天的降临。立冬那日,天子要亲自率领三公、九卿、大夫到北郊去迎冬。迎冬回来后,天子赏赐殉国大臣的后代,抚恤他们留下来的孤儿寡妇。

这个月,天子要命令掌管卜筮的太卜,用龟策占卜祈祷,观兆象,算卦数,以考察吉凶。还要察访那些阿谀奉承和祸乱法纪的人,治他们的罪,不得包庇。

这个月,天子要开始穿皮衣,要命令官吏对民众说:"天气上腾,地气下降,天地之间不再相通,封闭而形成冬天。"还要命令百官谨慎对待仓廪府库的事务。要命令司徒去各地巡视储物情况,不能没有蓄粮;要加高加固城墙,警戒城门内外,维修门闩门鼻,注意锁钥,加固印封,守备边境,修葺要塞,防守关卡桥梁,堵塞小道,饬正丧事制度,检查陪葬衣物,审察棺椁厚薄,营建坟墓的大小、高低、厚薄,都要遵守贵贱的等级。

这个月,天子要命令工师献上百工制作的器物,以考核功效,进行赏罚,要陈列他们制作的祭器,看是否符合法度程式。告诫他们不得制作过于奇巧的器物来摇动君王的奢侈之心,而要注重精密。器物上面要刻制作工匠的名字,以此来考察他们是否认真。如果有不精美的地方,要给予处罚,来追究他们的诈巧之情。

这个月,在蒸祭之后,天子要举行盛大的宴饮。蒸祭时,天子要向日月星辰等在天之神祈求来年五谷丰登。随后,大量宰杀牺牲,在官社和门闾祭祀,飨先祖、五祀,并慰劳农夫,让他们好好休养生息。天子还要命令将帅为士兵讲习武事,教士兵练习射箭、驾车,让士兵互相角力。

这个月,天子要命令掌管水利水产的官吏向百姓征收渔税,但不得擅自加税来剥削百姓,让百姓对天子心存怨恨。如果有这样的官吏,一定要处罚而不宽赦。

孟冬,如果施行应在春天施行的政令,那么冰冻就会不牢固,地气就会宣泄散发,百姓就会流亡;如果施行应在夏天施行的政令,那么国家就会有暴风灾害,导致处于冬天却不寒冷,蛰虫就会重新出洞;如果施行应在秋天施行的政令,那么霜雪就不能应时而来,小的战争就会不断发生,敌军就会侵犯边境。

乾隆《二十五宝玺》
收藏于故宫博物院

玉玺制度自秦始皇，历朝沿用，直到清末。在秦朝以前，玺是所有印章的统称，之后，玉玺只能皇帝专用，象征国家权力。秦始皇规定，天子之印为「玺」，玉为专用材料，百官以及百姓的印章为「印」，不能以玉为材。最初秦朝七玺所有纽式均采用螭纽。螭是无角的龙，玉玺也称螭兽纽、螭龙纽、螭虎纽等。玉玺以前，宝玺的数量没有规定，多有混乱。因此，乾隆对前代宝玺进行考证，定总数为二十五方，并明确规定使用范围。这二十五方宝玺质地有金、玉和栴檀木，印纽有交龙、盘龙和蹲龙型制，除青玉「皇帝之宝」为满文篆书外，其余均为满文本字和汉文篆书两种文字书写。二十五宝玺平时被密藏在紫禁城交泰殿的宝盝中，一宝装一盝。这二十五宝玺分别为大清嗣天子宝、皇帝奉天之宝、大清受命之宝、皇帝之宝二方、天子之宝、皇帝尊亲之宝、皇帝亲亲之宝、皇帝行宝、皇帝信宝、天子行宝、天子信宝、敬天勤民之宝、制诰之宝、敕命之宝、垂训之宝、命德之宝、钦文之玺、表章经史之宝、巡狩天下之宝、讨罪安民之宝、制驭六师之宝、敕正万邦之宝、敕正万民之宝、广运之宝。重新排定后的二十五宝各有所用，集合在一起，代表了皇帝行使国家最高权力的各个方面。

白玉「大清受命之宝」

碧玉「皇帝奉天之宝」

金「大清嗣天子宝」

檀香木「皇帝之宝」

岫岩石满文「皇帝之宝」

青玉「天子之宝」	白玉「皇帝尊亲之宝」
青玉「皇帝亲亲之宝」	碧玉「皇帝行宝」
青玉「皇帝信宝」	碧玉「天子行宝」
墨玉「天子信宝」	白玉「敬天勤民之宝」
青玉「制诰之宝」	碧玉「敕命之宝」

碧玉『垂训之宝』	墨玉『命德之宝』
碧玉『钦文之玺』	碧玉『表章经史之宝』
青玉『巡狩天下之宝』	青玉『讨罪安民之宝』
墨玉『制驭六师之宝』	青玉『敕正万邦之宝』
青玉『敕正万民之宝』	墨玉『广运之宝』

异　宝

四曰：

古之人非无宝也，其所宝者异也。

孙叔敖疾，将死，戒其子曰："王数封我矣，吾不受也。为我死，王则封汝，必无受利地①。楚、越之间有寝之丘②者，此其地不利，而名甚恶。荆人畏鬼，而越人信禨。可长有者，其唯此也。"孙叔敖死，王果以美地封其子，而子辞，请寝之丘，故至今不失。孙叔敖之知，知不以利为利矣。知以人之所恶为己之所喜，此有道者之所以异乎俗也。

五员③亡，荆急求之，登太行④而望郑曰："盖是国也，地险而民多知；其主，俗主也，不足与举。"去郑而之许⑤，见许公而问所之。许公不应，东南向而唾⑥。五员载⑦拜受赐，曰："知所之矣。"因如吴⑧。过于荆，至江上⑨，欲涉，见一丈人⑩，刺⑪小船，方将渔，从⑫而请焉。丈人度之，绝⑬江。问其名族⑭，则不肯告，解其剑以予丈人，曰："此千金之剑也，愿献之丈人。"丈人不肯受，曰："荆国之法，得五员者，爵执圭⑮，禄万檐⑯，金千镒⑰。昔者子胥过，吾犹不取，今我何以子之千金剑为乎？"五员过于吴，使人求之江上，则不能得也。每食必祭之，祝曰："江上之丈人！天地至大矣，至众矣，将奚不有为也？而无以为。为矣，而无以为之。名不可得而闻，身不可得而见，其惟江上之丈人乎！"

宋之野人耕而得玉，献之司城子罕⑱，子罕不受。野人请曰："此野人之宝也，愿相国为之赐而受之也。"子罕曰："子以玉为宝，我以不受为宝。"故宋国之长者曰："子罕非无宝也，所宝者异也。"

今以百金与抟黍以示儿子⑲，儿子必取抟黍矣；以和氏之璧与百金以示鄙人⑳，鄙人必取百金矣；以和氏之璧、道德之至言以示贤者，贤者必取至言矣。其知弥精，其所取弥精；其知弥粗，其所取弥粗。

【注释】

① 利地：肥沃富饶的土地。
② 寝之丘：春秋时期楚国城邑。因"寝丘"有陵墓之义，所以"其名甚恶"。
③ 五员（yún）：伍员，即伍子胥。
④ 太行：即太行山。
⑤ 许：春秋时期的诸侯国，后被楚所灭。
⑥ 许公不应，东南向而唾：许公想让伍员投奔吴国，但又不敢得罪近邻强楚，所以"不应"，而以向吴国所在的东南方而唾示意。
⑦ 载：通"再"。
⑧ 因：于是。如：往。
⑨ 江上：长江岸边。
⑩ 丈人：老者。
⑪ 刺：撑。
⑫ 从：跟从。
⑬ 绝：横渡，渡过。
⑭ 族：姓。
⑮ 爵执圭：授予执圭爵位。爵，活用为动词，赐予爵位。执圭，春秋时期爵位名称，因天子（或诸侯）将圭赐给功臣，让他们执圭朝见，故名。圭的形制大小因爵位及用途不同而异。
⑯ 檐（dān）：通"儋"，也作"担"，为一石。
⑰ 镒：古代重量单位，二十两为一镒。
⑱ 司城子罕：春秋时期宋国大臣。司城，官名，即司空。
⑲ 抟（tuán）黍：捏成团的黄米饭。儿子：小儿。
⑳ 鄙人：鄙陋无知的人。

【译文】

第四：

古人不是没有宝物，只是他们看作宝物的东西与今人不同。

孙叔敖病重，临死时告诫他的儿子："大王多次要赐给我土地，我都没有接受。我死后,大王肯定会赐给你封地,你一定不能接受肥沃富饶的地方。楚越之间有个寝丘,土地贫瘠,而且地名凶险。楚人畏鬼,而越人信鬼。所以,能够长久持有的土地,恐怕只有这块了。"孙叔敖死后,楚王果然要把肥沃的地方赏赐给他的儿子,但是孙叔敖的儿子婉拒了,求赏寝丘,所以这块土地至今还为孙氏后人持有。孙叔敖的智慧,在于懂得不把世俗的利益看作利益,懂得把别人所厌恶的东西看成是自己所喜爱的东西,这就是有道之人不同于世俗的原因。

伍员逃亡,楚国紧急四处追捕他。他登上太行山,望着郑国感慨:"这个国家,地势险要,民众有智慧,但国君却是个庸俗的人,不足以为他谋大事。"伍员离开郑国,来到许国,拜见许公,向其请教自己应该去哪个国家。许公听了后没有回答,只是向东南方吐了一口唾沫。伍员很感激,再拜说:"我知道该去哪里了。"于是伍员前往吴国。路过楚国,到了长江岸边,正想要渡江时,看到一位老人撑着小船,正在打鱼。他走过去请求老人送他过江。老人渡伍员过了江,伍员问老人的姓名,老人却不肯相告,伍员解下宝剑递给老人,说:"这宝剑价值千金,我愿把它奉献给您。"老人不肯收受,说:"按楚国的法令,捉到伍子胥的人,能被授予执圭爵位,受万石俸禄,赐黄金千镒。以前伍子胥经过,我尚且不捉他去领赏,现在我接受你价值千金的宝剑做什么呢?"伍员到了吴国,派人到江边去寻找那位老人,却无法找到。伍员每次吃饭时都要祭祀,为老人祈祷:"江上的老人啊!天地的美德大到了极点,养育万物多到了极点,有什么不能做的?但它们却毫无所求。帮助了别人却毫无所求的人,名字无法得知,身影无法得见,能达到这种境界的人恐怕只有江边的老人吧!"

宋国一个农夫耕地时捡到了一块宝玉,他将其献给司城子罕,子罕不接受。农夫请求他说:"这是小人的宝物,希望相国能赏脸把它收下。"子罕说:"你把玉当作宝物,而我以不接受你的宝物为宝物。"因此,宋国德高望重的人说:"子罕不是没有宝物,只是他眼中的宝物与别人眼中的宝物不同罢了!"

如果将百金和黄米饭团放在小孩的面前,小孩一定会去拿黄米饭团;如果将和氏璧和百金摆在鄙陋无知的人面前,鄙陋无知的人一定会去拿百金;如果把和氏璧和关于道德的至理名言摆在贤人面前,贤人一定会听取至理名言。智慧越精深的人,所选取的东西就越珍贵;智慧越低下的人,所选取的东西就越粗陋。

仲冬纪

仲　冬

一曰：

仲冬之月，日在斗①，昏东壁②中，旦轸③中。其日壬癸，其帝颛顼，其神玄冥，其虫介，其音羽，律中黄钟。其数六，其味咸，其臭朽，其祀行，祭先肾。冰益壮，地始坼④，鹖鴠⑤不鸣，虎始交⑥。天子居玄堂太庙，乘玄辂，驾铁骊，载玄旂，衣黑衣，服玄玉，食黍与彘，其器宏以弇。

命有司曰："土事⑦无作，无发盖藏，无起大众，以固而闭。"发盖藏，起大众，地气且泄，是谓发天地之房⑧。诸蛰则死，民多疾疫，又随以丧⑨。命之曰"畅月⑩"。

是月也，命阉尹⑪申宫令，审门闾⑫，谨房室，必重闭。省妇事，毋得淫，虽⑬有贵戚近习，无有不禁。乃命大酋⑭，秫⑮稻必齐，麹糵⑯必时，湛饎⑰必洁，水泉必香，陶器必良，火齐必得，兼用六物，大酋监之，无有差忒。天子乃命有司祈祀四海、大川、名原⑱、渊泽、井泉。

是月也，农有不收藏积聚者，牛马畜兽有放佚者，取之不诘⑲。山林薮泽⑳，有能取疏食田猎禽兽者，野虞教导之。其有侵夺者，罪之不赦。

是月也，日短至，阴阳争，诸生荡㉑。君子斋戒，处必弇㉒，身欲宁，去声色，禁嗜欲，安形性㉓，事欲静，以待阴阳之所定㉔。芸㉕始生，荔挺出㉖，蚯蚓结㉗，麋角解㉘，水泉动。日短至，则伐林木，取竹箭。

是月也，可以罢官之无事者，去器之无用者，涂阙㉙庭门闾，筑囹圄㉚，此所以助天地之闭藏也。

仲冬行夏令，则其国乃旱，氛雾冥冥，雷乃发声；行秋令，则天时雨汁㉛，瓜瓠㉜不成，国有大兵；行春令，则虫螟为败，水泉减竭，民多疾疠。

【注释】

① 斗：星宿名，二十八宿之一。
② 东壁：星宿名，二十八宿之一。简称"壁"。
③ 轸：星宿名，二十八宿之一。
④ 坼：裂开。指地被冻裂。
⑤ 鹖鴠（hé dàn）：一种像雉而善斗的鸟。因其善斗，它的羽毛常用来装饰武士冠，又称鹖冠。
⑥ 交：交配。
⑦ 土事：指土木工程。
⑧ 是：代词，此。房：正室两边的房舍，这里喻指天地闭藏万物之所。
⑨ 随以丧：随之丧亡。
⑩ 畅月：仲冬之月，农闲，所以称"畅月"。
⑪ 阉尹：宦官之长。
⑫ 门闾：指宫门。
⑬ 虽：即使。
⑭ 大酋：酒官之长。
⑮ 秫：黏高粱。
⑯ 麴糵（qū niè）：酒曲。
⑰ 湛：浸渍。饎：烹煮。
⑱ 名原：大的水源。原，即"源"。

⑲ 诘：责问。

⑳ 薮（sǒu）泽：水聚集的地方为泽，泽旁无水的地方为薮。

㉑ 荡：动，指生物萌动。

㉒ 弇：深邃。

㉓ 形性：身体性情。

㉔ 定：成。

㉕ 芸：草，像苜蓿。

㉖ 荔挺出：荔蒲长出。挺出，挺生而出。

㉗ 结：屈曲。

㉘ 麋角解：麋鹿犄角脱落。解，坠落。

㉙ 阙：也称观，宫门外两边的高台。

㉚ 囹圄：牢狱。

㉛ 汁：雨夹雪。

㉜ 瓠：一年生草本植物。茎、叶有茸毛，开白花。果实呈长筒形的称瓠瓜或瓠子，短颈大腹的称葫芦。

【译文】

第一：

仲冬十一月，太阳的位置在斗宿。日落时，壁宿出现在南方中天；日出时，轸宿出现在南方中天。仲冬在天干排序中属壬癸，主宰之帝为颛顼，佐帝之神为玄冥，应对的动物为龟鳖之类的甲族，对应的声音为羽音，对应的音律为黄钟，对应的数字为六，对应的味道为咸味，对应的气味为朽气，要举行的祭祀为行祭，祭祀时，祭品以肾脏为尊。仲冬之月，冰冻得越发坚实，地表开始冻出裂缝。鹖鸥停止鸣叫，老虎开始交配。天子要居住在北向明堂的中央正室，乘黑车，车前驾黑马，插黑色龙纹旗，穿黑色衣服，佩戴黑色饰玉，食用黍米和猪肉，使用宏大而敛口的器物。

天子要命令司徒官说："不能兴土木，不能打开仓廪府库，不能征役民众，以顺应封固和闭藏之气。"如果打开仓廪府库，征役民众，地气就会泄漏，这是开启天地的房舍。如果这样,蛰伏的动物都会死去,民间会流行疫病,民众随之丧亡。仲冬之月,被命名为"畅月"。

这个月,天子要命令阉尹申明宫令,检查宫庭门户,切记宫庭门户一定要重重紧闭。要减少妇女的事务,禁止她们制作过分奢华巧饰的东西,即使是贵戚和宠臣,也要禁止。要命令大酋监制酿酒,选用的高粱和稻米要干净,制作酒曲酒蘖要及时,浸渍炊煮米麹要清洁,使用的井水泉水要甘美,使用的陶器要良好,酿制时,火候要适中。这六件事要兼顾,大酋要全程监督,不能有差错。还要命令主管官吏祭祀四海、大河、水源、深渊、大泽及井泉的水神。

这个月,农民尚未收割回去的谷物,放牧者丢失在外的牛马,如果被他人取用,不要责问。但是,如果有人在山林水泽中采摘榛栗、菱芡,或捕猎禽兽,野虞要教导他们。如果有人侵夺他人的成果,一定要处罚,决不宽赦。

这个月,冬至到来,阴阳相争,各种生物开始萌动。君子要斋戒,深居不出,身心要平静,远离声色,禁绝嗜欲,修养性情,做事不急躁而沉静,以此等待阴阳消长的结果。仲冬之月,芸草开始萌芽,荔蒲长出,蚯蚓屈曲而动,麋鹿犄角脱落,水泉涌动。冬至日,可以伐木,砍取竹子。

这个月,可以罢免无事可做的官吏,可以抛弃无用之物,可以涂塞宫廷门户,修筑牢狱。这都是帮助上天闭藏的措施。

冬天的第二个月,如果施行夏天的政令,那么国家就会出现旱灾,雾气弥漫,雷声震动;如果施行秋天的政令,那么雨雪就会频繁降落,瓜果就不能成熟,国家就会遭到敌国侵犯;如果施行春天的政令,那么虫螟就会成灾,水泉就会衰减枯竭,民间就会流行疫病。

《升平乐事图》册
(清)佚名　收藏于台北故宫博物院

中国传统节日起源于农业社会,在春耕、夏耘、秋收、冬藏间,制定出各种节日来调节生活节奏,反映季节变化,由此形成的节令习俗深深影响了人们的生活。因此,古代的统治阶级也很重视节日的教化作用,往往会在重大节庆时颁布各种适宜的政令。《升平乐事图》册即由皇帝宫廷画家绘制,用来向全国百姓展现天下太平、百姓安居乐业的景象。该图册共有十二张,分别为白象花灯、蝙蝠风筝、花篮灯、大花放鞭炮、鹅灯踢毽、花烛鹤灯、魁星、钟馗、鹿灯、吉庆平安、独占鳌头。

白象花灯

蝙蝠风筝

花籃燈

放鞭炮

鹅灯踢毽

大花灯

210

魁星

钟馗

211

花烛鹤灯

鹿灯

212

吉庆平安

独占鳌头

长　见

五曰：

智所以相过①，以其长见与短见也。今之于古也，犹古之于后世也；今之于后世，亦犹今之于古也。故审知今则可知古，知古则可知后，古今前后一也。故圣人上知千岁，下知千岁也。

荆文王②曰："苋谞③数犯我以义，违我以礼，与处则不安，旷之而不毂④得焉。不以⑤吾身爵之，后世有圣人，将以非不毂。"于是爵之五大夫。"申侯伯⑥善持养吾意，吾所欲则先我为之，与处则安，旷之而不毂丧焉。不以吾身远之，后世有圣人，将以非不毂。"于是送而行⑦之。申侯伯如郑，阿⑧郑君之心，先为其所欲，三年而知郑国之政也，五月而郑人杀之。是后世之圣人，使文王为善于上世也。

晋平公⑨铸为大钟，使工听之，皆以为调⑩矣。师旷⑪曰："不调，请更铸之。"平公曰："工皆以为调矣。"师旷曰："后世有知音者，将知钟之不调也，臣窃为君耻之。"至于师涓⑫而果知钟之不调也。是师旷欲善调钟，以为后世之知音者也。

吕太公望封于齐，周公旦封于鲁，二君者甚相善也。相谓曰："何以治国？"太公望曰："尊贤上⑬功。"周公旦曰："亲亲上恩。"太公望曰："鲁自此削矣。"周公旦曰："鲁虽削，有齐者亦必非吕氏也。"其后，齐日以大，至于霸，二十四世而田成子⑭有齐国。鲁公⑮以削，至于觐⑯存，三十四世而亡。

吴起治西河⑰之外，王错谮之于魏武侯⑱，武侯使人召之。吴起至于岸门⑲，止车而望西河，泣数行而下。其仆谓吴起曰："窃观公之意，视释天下若释蹝⑳，今去西河而泣，何也？"吴起抿㉑泣而应之曰："子不识。君知我而使我毕能㉒，西河可以王。今君听谗人之议而不知我，西河之为秦取不久矣，魏从此削矣。"吴起果去魏入楚。有间，西河毕入秦，秦日益大。此吴起之所先见而泣也。

魏公叔痤㉓疾，惠王㉔往问之，曰："公叔之疾，嗟！疾甚矣！将奈社稷何？"公叔对曰："臣之御庶子鞅㉕，愿王以国听之也。为不能听，勿使出境。"王不应，出而谓左右曰："岂不悲哉？以公叔之贤，而今谓寡人必以国听鞅，悖㉖也夫！"公叔死，公孙鞅西游秦，秦孝公听之。秦果用强，魏果用弱。非公叔痤之悖也，魏王则悖也。夫悖者之患，固以不悖为悖。

【注释】

① 过：超过。指差异。
② 荆文王：即楚文王，春秋时期楚国国君，名赀（zī）。即位后他把都城定在郢（今湖北省江陵县楚纪南故城）。《史记·楚世家》："楚文王熊赀元年，始都郢。"
③ 苋谞：楚文王的臣子。
④ 不穀：不善之人。这里是诸侯的谦称。
⑤ 以：从，由。
⑥ 申侯伯：楚文王的臣子。申，春秋时期小国，被楚国所灭。
⑦ 行：使动用法，使……走。
⑧ 阿：曲从，迎合。
⑨ 晋平公：春秋时期晋国国君，姓姬，名彪。
⑩ 调（tiáo）：和谐。
⑪ 师旷：春秋时期晋国著名乐师，名旷。据说，师旷精通音律，因眼瞎，故又被称为"瞽旷"。
⑫ 师涓：春秋时期卫灵公的乐官，善音律。
⑬ 上：尚，崇尚。
⑭ 田成子：即田恒。齐简公四年（前481），田恒杀齐简公，拥立齐平公，自任齐相，自此齐国政权尽归田氏。

⑮ 公：当是"日"字之误。
⑯ 覲：通"仅"。
⑰ 西河：指战国时地处黄河西岸的魏地。
⑱ 王错：魏大夫，魏武侯死了两年后，投奔韩国。魏武侯：名击，魏文侯的儿子。谮（zèn）：说错话诬陷别人。
⑲ 岸门：魏邑，在今山西省河津市南。
⑳ 蹝（xǐ）：同"屣""跣"，鞋。
㉑ 抿（wěn）：同"抆"，擦。
㉒ 毕能：竭尽所能。
㉓ 公叔痤：战国时魏惠王相。
㉔ 惠王：魏惠王，姬姓魏氏，名䓨（yīng）。战国时期魏国第三任国君。魏武侯之子。
㉕ 御庶子鞅：即公孙鞅，卫国人，又名卫鞅。辅佐秦孝公变法，秦封之于商，号商君，又称商鞅。御庶子，官名。
㉖ 悖：悖理，荒谬。

【译文】

第五：

人们智慧的差别在于，有的人目光长远，有的人目光短浅。今天跟古代的关系，就像古代跟将来的关系一样；今天跟将来的关系，也就是像今天跟古代的关系一样。所以，审察今天，可以知道古代，知道古代就可以知道将来，古今前后的道理是一样的。所以，圣人能上知千年，下知千年。

楚文王说："苋谮多次因道义而冒犯我，因礼仪而违背我，跟他相处我就会感到不安，但久而久之，我从中收获了很多。如果我不亲自授予他爵位，后代圣人将要因此非议我。"于是，楚文王授予苋谮五大夫爵位。楚文王又说："申侯伯善于把握并迎合我的心意，我想要什么，他在此之前就为我准备好，跟他相处我感到安逸，但久而久之，我就会有所失。如果我不疏远他，后代圣人肯定要因此非议我。"于是，楚文王送走了申侯伯。后来，申侯伯到了郑国，曲从郑国国君，提前满足他所有的欲望，三年后申侯伯执掌了郑国国政，但仅仅五个月后就被郑国人杀了。这是后代圣人使楚文王在前世做了好事。

晋平公铸了一口大钟，让乐工们审听，乐工们都认为钟声很和谐。只有师旷说："钟声还不和谐，请重新铸造。"晋平公说："其他乐工们都认为很和谐了。"师旷说："后代精通音律的人，将会发现这口钟的声音是不和谐的。我私下为您感到羞耻。"后来，师涓果然发现了钟声不和谐。由此看来，师旷想要使仲声更和谐，是考虑到了后代还会有精通音律的人呀！

吕太公望封于齐国，周公旦封于鲁国，他们关系很友善。他们在一起讨论怎么治理国家，太公望说："尊重贤能的人，推崇建功立业。"周公旦说："亲近亲人，推崇互相恩爱。"太公望说："那样的话，鲁国将从此削弱了。"周公旦说："鲁国虽然会削弱，但齐国以后也肯定不属于吕氏。"后来，齐国日渐强大，并称霸诸侯，但传到第二十四代的时候被田成子窃据了。鲁国也日益削弱到仅能勉强维持生存，最后传到第三十四代的时候也灭亡了。

吴起治理西河时，王错向魏武侯诋毁他，于是，魏武侯派人召回吴起。吴起行到岸门时，停下车，回头遥望西河，流下了眼泪。他的仆人说："我私下观察您的志向，把舍弃天下看成像扔掉鞋子一样。现在离开西河，您却流了泪，这是为什么？"吴起擦去眼泪说："你不懂。如果国君信任我，让我发挥我所能，那么我凭借西河就能帮助国君成就王业。现在国君听信小人谗言，不信任我，这离西河被秦国夺取的日子不远了，魏国也要从此削弱了。"后来，吴起被迫离开魏国，去了楚国。不久后，整个西河之地都被秦国吞并，秦国日益强大。这正是吴起事先预见而为之流泪的事情。

魏相公叔痤病了，惠王前去探望，对他说："您的病，唉！病得很重了！您看国政交给谁治理比较合适呢？"公叔痤回答："我的家臣御庶子公孙鞅很有贤能，希望大王您能把国政交给他来治理。如果不能任用他，也不要让他离开魏国。"魏惠王没有回应，出门对侍从说："难道不可悲吗？像公叔痤这样贤明的人，竟然会让我一定要把国政交给公孙鞅治理，太荒谬了！"公叔痤死后，公孙鞅游说秦国，秦孝公听从了他的治国策略。秦国果然因此强盛了起来，魏国果然因此削弱了下去。由此看来，不是公叔痤糊涂，而是魏惠王自己荒谬呀！凡是荒谬的人，都把不荒谬当成荒谬。

季冬纪

季 冬

一曰：

季冬之月，日在婺女①，昏娄②中，旦氐③中。其日壬癸，其帝颛顼，其神玄冥，其虫介，其音羽，律中大吕。其数六，其味咸，其臭朽，其祀行，祭先肾。雁北乡，鹊始巢，雉雊④鸡乳。天子居玄堂右个，乘玄辂，驾铁骊，载玄旂，衣黑衣，服玄玉，食黍与彘，其器宏以弇。

命有司大傩，旁磔⑤，出土牛，以送寒气。征鸟厉疾⑥，乃毕行山川之祀，及帝之大臣、天地之神祇。

是月也，命渔师⑦始渔，天子亲往，乃尝鱼，先荐寝庙。冰方盛，水泽复⑧，命取冰。冰已入⑨，令告民出五种。命司农计耦耕事，修耒耜，具田器⑩。命乐师大合吹而罢。乃命四监⑪收秩薪柴，以供寝庙及百祀之薪燎⑫。

是月也，日穷于次⑬，月穷于纪⑭，星回⑮于天。数将几终，岁将更始。专于农民，无有所使。天子乃与卿大夫饬国典⑯，论时令⑰，以待来岁之宜。乃命太史次诸侯之列，赋之牺牲，以供皇天上帝社稷之享。乃命同姓之国，供寝庙之刍豢；令宰⑱历卿大夫至于庶民土田之数，而赋之牺牲，以供山林名川之祀。凡在天下九州之民者，无不咸献其力，以供皇天上帝社稷寝庙山林名川之祀。

行之是令，此谓一终，三旬二日⑲。

季冬行秋令，则白露蚤⑳降，介虫㉑为妖，四鄙入保；行春令，则胎夭㉒多伤，国多固疾，命之曰逆；行夏令，则水潦败国，时雪不降，冰冻消释。

【注释】

① 婺女：星宿名，二十八宿之一，简称"女"。
② 娄：星宿名，二十八宿之一。
③ 氐：星宿名，二十八宿之一。
④ 雊（gòu）：鸡鸣。
⑤ 旁磔（zhé）：祭祀四方之门，以攘除阴气。磔，割牲祭神。
⑥ 厉：高。疾：快，迅速。
⑦ 渔师：主管渔业的官吏。
⑧ 复：重叠。指层层结冰。
⑨ 入：指藏冰入窖。
⑩ 田器：指耕田农具。
⑪ 四监：指四监大夫。
⑫ 薪燎：指焚柴祭神的燎祭。
⑬ 次：指十二次。古人把黄道一周天从西向东分为十二等分，以说明日月星辰的运行位置，每个等分有一个名称，如星纪、玄枵等，为十二次。季冬之月，日运行的位置在玄枵，运行一年后，又终于玄枵，所以说"日穷于次"。
⑭ 纪：指日月交会。
⑮ 回：返回。
⑯ 饬：饬正。典：法。
⑰ 时令：按季节月份制定的政令。
⑱ 宰：指小宰，太宰的属官。
⑲ 三旬二日：此句上无所承，应有脱文。据《季夏纪》"甘雨三日，三旬二日"之语，应指雨雪而言。

⑳　蚤：通"早"。

㉑　介虫：有甲壳的动物。介，甲。

㉒　胎夭：指在母腹中或者刚出生的动物。

【译文】

第一：

季冬腊月，太阳运行的位置在婺女宿。日落时，娄宿出现在南方中天；日出时，氐宿出现在南方中天。季冬在天干排序中属壬癸，主宰之帝为颛顼，佐帝之神为玄冥，对应的动物为龟鳖之类的甲族，对应的声音为羽音，对应的音律为大吕。这个月的数字为六，味道为咸味，气味为朽气，要举行的祭祀为行祭，祭祀时，祭品以肾脏为尊。季冬之月，大雁北回，喜鹊开始搭窝，山鸡鸣叫，家鸡孵卵。天子要居住在北向明堂的右侧室，乘黑车，车前驾黑马，插黑色龙纹旗，穿黑色衣服，佩戴黑色饰玉，食用黍米和猪肉，使用宏大而敛口的器物。

天子要命令相关官吏大规模举办傩祭，四方城门都要用牺牲祭祀，并制作土牛，以送寒冬之气。季冬之月，征鸟飞得高且快。天子要普遍地举行对山神、先世功臣和天地进行的祭祀。

这个月，天子命令负责渔业的官吏捕鱼，并亲自前去观看，天子要品尝刚捕到的鲜鱼，但品尝之前，要先进献给祖庙。季冬之月，冰冻正结实，积水的池泽层层冻结，要下令凿取冰块。等冰块藏入冰窖以后，天子要命令负责农业的官吏告诉百姓从谷仓中拿出五谷，选取来年播种的种子。要命令负责农业的官吏，计划耕作的事情，让农民修缮犁铧，准备农具。要命令乐官举行最后一次吹奏乐的大合奏。要命令王畿内的郡县大夫收缴柴税，以供祖庙及各种祭祀举行时的燔燎之用。

这个月，日月星辰运行一周，又回到初始位置，旧年天数将尽，新年将要开始。要让农民一心筹备农事，不能征役他们。天子要与公卿大夫整饬国家法典，按季节月份制定来年政令，以计划来年国事。要命令太史排列异姓诸侯的次序，规定他们各自的贡赋规格，以供对上天及社稷之神的祭祀之需。要命令同姓诸侯供给祭祀祖庙时所用的牛羊犬豕，要命令小宰依次列出从卿大夫到平民百姓所持有土地的数目,让他们照此交纳贡赋,以供祭祀山林河流之神之用。天下之民都要全力奉献,以供给对皇天上帝、社稷之神、先祖神主以及山林河流之神的祭祀。

实行这些应时政令,这就算一年结束了。……在三旬中有二日。冬天的第三个月,如果施行秋天的政令,那么白露就会过早降落,有甲壳的动物就会泛滥成灾,四方边邑的百姓就会为躲避来犯之敌而藏入城堡;如果施行春天的政令,那么幼小的动物就会受到伤害,国家就会爆发久治不愈的疾病,这种情况叫"逆";如果施行夏天的政令,那么大水将为害国家,冬雪就不能按时降落,冰就会融化。

不 侵

五曰:

天下轻于身,而士以身为①人。以身为人者,如此其重也,而人不知,奚道相得②?贤主必自知士,故士尽力竭智,直言交争③,而不辞其患。豫让、公孙弘④是矣。当是时也,智伯⑤、孟尝君知之矣。世之人主,得地百里则喜,四境皆贺;得士则不喜,不知相贺:不通乎轻重也。汤、武,千乘⑥也,而士皆归之。桀、纣,天子也,而士皆去之。孔、墨,布衣⑦之士也,万乘之主、千乘之君不能与之争士也。自此观之,尊贵富大不足以来士矣,必自知之然后可。

豫让之友谓豫让曰:"子之行何其惑也?子尝事范氏、中行氏⑧,诸侯尽灭之,而子不为报;至于智氏,而子必为之报,何故?"豫让曰:"我将告子其故。范氏、中行氏,我寒而不我衣,我饥而不我食,而时使我与千人共其养,是众人畜我也。夫众人畜我者,我亦众人事之。至于智氏则不然,出则乘我以车,入则足我以养,众人广朝⑨,而必加礼于吾所⑩,是国士⑪畜我也。夫国士畜我者,我亦国士事之。"豫让,国士也,而犹以人之于己也为念,又况于中人乎?

孟尝君为从⑫,公孙弘谓孟尝君曰:"君不若使人西观秦王。意者秦王帝王之主也,君恐不得为臣,何暇从以难⑬之?意者秦王不肖主也,君从以难之未晚也。"孟尝君曰:"善。愿因⑭请公往矣。"公孙弘敬诺,以车十乘之⑮秦。秦昭王⑯闻之,而欲丑之以辞,以观公孙弘。公孙弘见昭王,昭王曰:"薛⑰之地小大几何?"公孙弘对曰:"百里⑱。"昭王笑曰:"寡人之国,地数千里,犹未敢以有难也。今孟尝君之地方百里,而因欲以难寡人犹可乎?"公孙弘对曰:"孟尝君好士,大王不好士。"昭王曰:"孟尝君之好士何如?"公孙弘对曰:"义不臣⑲乎天子,不友⑳乎诸侯,得意则不惭为人君,不得意则不肯为人臣,如此者三人。能治可为管、商㉑之师,说义听行,其能致主霸王㉒,如此者五人。万乘之严㉓主辱其使者,退而自刎也,必以其血污其衣,有如臣者七人。"昭王笑而谢㉔焉,曰:"客胡为若此?寡人善孟尝君,欲客之必谨谕寡人之意也。"公孙弘敬诺。公孙弘可谓不侵矣。昭王,大王也;孟尝君,千乘也。立千乘之义而不可凌㉕,可谓士矣。

【注释】

① 为(wèi):相当于"遗",献。
② 奚道:为什么。相得:互相投合。
③ 争:诤谏。
④ 公孙弘:战国时期齐国孟尝君的门客。
⑤ 智伯:指智伯瑶。智氏家族第二代宗主,春秋中期晋国杰出的军事家、政治家、外交家。
⑥ 千乘:指拥有兵车千辆的诸侯王。
⑦ 布衣:庶人的衣服。
⑧ 范氏:春秋时期晋国贵族士氏,因士会受封于范地,故称范氏。此指范吉射。中行氏:春秋时期晋国贵族荀氏,因荀林父为中行主将,故称中行氏。此指中行寅。

⑨ 朝：朝会。
⑩ 所：所在之处。
⑪ 国士：才能冠于国的谋士。
⑫ 从：通"纵"，合纵。
⑬ 难（nàn）：抵抗，与……为敌。
⑭ 因：就。
⑮ 之：往。
⑯ 秦昭王：即秦昭襄王，战国时期秦国国君，名稷。
⑰ 薛：齐邑，孟尝君封地。
⑱ 百里：方圆百里。
⑲ 臣：称臣。
⑳ 友：交友。
㉑ 管、商：指管仲、商鞅。
㉒ 霸王：活用为动词，成就王霸之业。
㉓ 严：尊，这里是威重的意思。
㉔ 谢：道歉。
㉕ 凌：侮辱。

【译文】

第五：

人皆以为生命比天下重要，但士却能为他人献出生命。为他人奉献生命的人如此可贵，如果不了解他们，怎么能与他们志趣相投呢？贤明的君主必定亲自去了解士人，所以士人能尽力竭智，直言相谏，而不避其祸。豫让、公孙弘就是这样的士。在当时，智伯、孟尝君可算得上是了解他们了。世俗的君主获得百里土地就满心欢喜，四境庆贺；但获得贤士时却无动于衷，不会相互庆贺：这是不明白轻重呀！商汤、周武王最初都只是拥有兵车千辆的诸侯王，但是最后士人都归附他们。夏桀、殷纣是天子，但是最后士人都离开了他们。孔子、墨子本是布衣之士，但是拥有兵车万辆、千辆的君主却无法与他们争夺士人。

由此看来，尊贵富裕不足以招揽士人，君主务必要赏识士人才行。

豫让的朋友问豫让："你的行为怎么那么令人不解呀？你曾经跟随过范氏、中行氏，诸侯把他们都灭掉了，你没有为他们报仇；但是你跟随过的智氏被灭之后，你却一定要替他报仇，这是为什么？"豫让说："我来告诉你原因。范氏、中行氏在我受冻的时候不愿意给我衣服穿，在我挨饿的时候不愿意给我饭吃，让我常常跟上千的门客一起接受相同的衣食，这是以养众人的方式养我。以养众人的方式养我的人，我当然也要像众人一样回报他。智氏则不一样，出门供给我车坐，在家给我足够的衣食，在朝会上给予我特殊的礼遇，这是以奉养国士的方式奉养我。以奉养国士的方式奉养我的人，我当然也要以国士的方式报答他。"豫让是国士，尚且念念不忘别人对待自己的态度，又何况一般人呢？

孟尝君打算联合六国来合纵抗秦，公孙弘对孟尝君说："您不如派人到西方的秦国观察一下秦王。我的想法是，如果秦王具有做帝王的资格，您恐怕连他的臣子都做不了，哪里还顾得上跟秦国对抗呢？如果秦王确实是不肖的君主，您再合纵对抗秦国也不算晚。"孟尝君说："好。那就请您去一趟。"公孙弘答应了，带着十辆车前往秦国。秦昭王知道后，想故意用言辞羞辱公孙弘，借以观察他。公孙弘见到秦昭王时，秦昭王问他："薛地有多大？"公孙弘回答："方圆百里。"秦昭王笑道："我秦国方圆千里，还不敢凭借它发动战争。如今孟尝君的土地才方圆百里，就想凭借它对抗我，能行吗？"公孙弘回答："因为孟尝君喜好贤士，大王您不喜好贤士。"秦昭王说："孟尝君喜好贤士又能怎么样？"公孙弘回答："崇信道义，不向天子称臣，不跟诸侯结交。如果得志，做人君也不为过；不得志，连人臣也不肯做，像这样的士，孟尝君有三人。有治国之才，可以充当管仲、商鞅的老师，如果得到赏识，就能使君主成就霸业，像这样的士，孟尝君有五人。担任使者，如果遭到拥有万辆兵车的君主侮辱，就退下自刎，但一定会用自己的血染污对方的衣服，像我这样的士，孟尝君有七人。"秦昭王笑着道歉说："您何必如此呢？我对孟尝君是很友好的，希望您务必要向他说明我的心意。"公孙弘答应了。公孙弘算得上有骨气且不可侵犯的士人了。秦昭王是秦国国君，孟尝君只是齐国之臣，公孙弘能在秦昭王面前为孟尝君仗义执言，不可凌辱，真算得上士了。

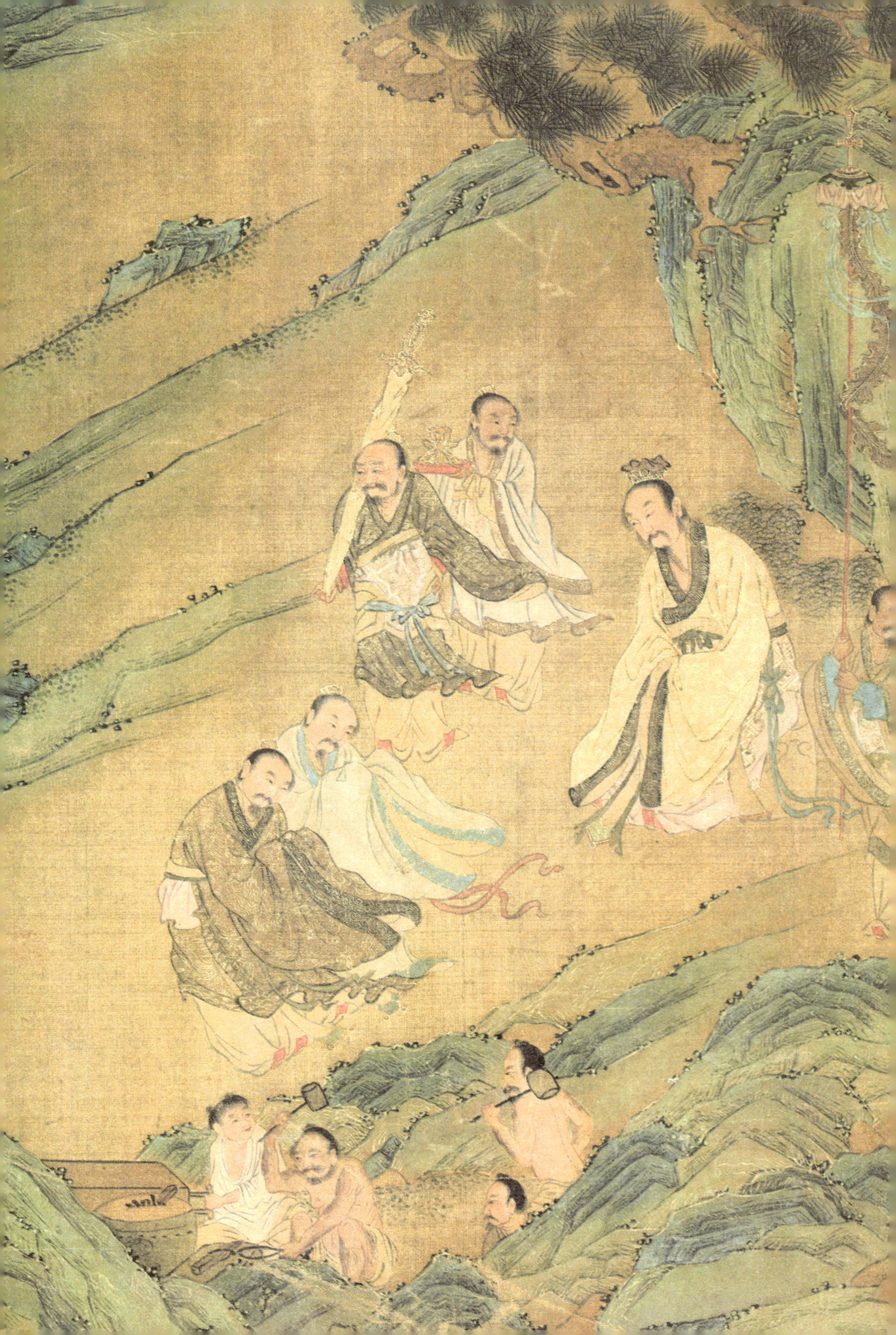

览

有始览

有 始

一曰：

天地有始，天微①以成，地塞②以形。天地合和，生之大经③也。以寒暑日月昼夜知之，以殊形殊能异宜说之。夫物合而成，离而生。知合知成，知离知生，则天地平④矣。平也者，皆当察其情，处其形。

天有九野⑤，地有九州，土有九山，山有九塞，泽有九薮，风有八等，水有六川。

何谓九野？中央曰钧天⑥，其星角、亢、氐；东方曰苍天，其星房、心、尾；东北曰变天⑦，其星箕⑧、斗、牵牛；北方曰玄天，其星婺女、虚、危、营室；西北曰幽天⑨，其星东壁、奎、娄；西方曰颢天⑩，其星胃、昴⑪、毕；西南曰朱天⑫，其星觜巂、参、东井；南方曰炎天⑬，其星舆鬼⑭、柳、七星；东南曰阳天，其星张⑮、翼、轸。

何谓九州？河、汉之间为豫州，周也；两河之间为冀州，晋也；河、济⑯之间为兖州，卫也；东方为青州，齐也；泗上为徐州，鲁也；东南为扬州，越也；南方为荆州，楚也；西方为雍州，秦也；北方为幽州，燕也。

何谓九山？会稽⑰、太山⑱、王屋⑲、首山⑳、太华㉑、岐山、太行、羊肠㉒、孟门㉓。

何谓九塞？大汾㉔、冥阨、荆阮、方城㉕、殽㉖、井陉㉗、令疵㉘、句注㉙、居庸。

何谓九薮？吴之具区㉚，楚之云梦㉛，秦之阳华㉜，晋之大陆㉝，梁之圃田㉞，宋之孟诸㉟，齐之海隅㊱，赵之钜鹿㊲，燕之大昭㊳。

何谓八风？东北曰炎风，东方曰滔风，东南曰熏风，南方曰巨风，西南曰凄风，西方曰飂风，西北曰厉风，北方曰寒风。

何谓六川？河水、赤水㊴、辽水㊵、黑水㊶、江水、淮水。

凡四海之内，东西二万八千里，南北二万六千里。水道八千里，受水者亦八千里。通谷㊷六，名川六百，陆注三千，小水万数。

凡四极之内，东西五亿有九万七千里，南北亦五亿有九万七千里。

极星㊸与天俱游，而天枢㊹不移。冬至日行远道㊺，周行四极㊻，命曰玄明。夏至日行近道，乃参于上㊼。当枢之下无昼夜。白民㊽之南，建木㊾之下，日中无影，呼而无响，盖天地之中也。

天地万物，一人之身也，此之谓大同。众耳目鼻口也，众五谷寒暑也，此之谓众异。则万物备也。天斟万物，圣人览焉，以观其类。解在乎天地之所以形，雷电之所以生，阴阳材物之精，人民禽兽之所安平。

【注释】

① 微：指轻微的事物。
② 塞：指重浊的事物。
③ 经：道，根源，本原。
④ 平：成，形成。
⑤ 九野：即九天，天的中央和八方。野，星宿所在的位置区域。
⑥ 钧天：因为与其他八野距离均等，所以称为钧天。钧，通"均"。
⑦ 变天：东北为阴极、阳始，万物从此而生，故称变天。
⑧ 箕：星宿名，二十八宿之一。
⑨ 幽天：西北将至太阴，故称幽天。
⑩ 颢天：西方属金，金色白，故称颢天。颢，白。

⑪ 昴：星宿名，二十八宿之一。
⑫ 朱天：西南为少阳，故称朱天。朱，阳。
⑬ 炎天：南方属火，故称炎天。
⑭ 舆鬼：星宿名，即鬼宿，二十八宿之一。
⑮ 张：星宿名，二十八宿之一。
⑯ 济：济水。
⑰ 会稽：山名，在今浙江省绍兴市东北。
⑱ 太山：即泰山。
⑲ 王屋：山名。在今河南省济源市。
⑳ 首山：即首阳山。在今河南省洛阳市。
㉑ 太华：即华山。
㉒ 羊肠：山名。一说在今山西省晋城市南。
㉓ 孟门：山名。在今陕西省宜川县东北。
㉔ 大汾：古塞名。先秦时属晋国。
㉕ 冥阨、荆阮、方城：险塞名。先秦时属楚国。
㉖ 殽：古险塞名。故址在今河南省渑池县西。
㉗ 井陉：古险塞名。故址在今河北省井陉县北。
㉘ 令疵：古险塞名。在辽西。
㉙ 句注：古险塞名。故址在今山西省雁门关西。
㉚ 具区：古泽名。即今太湖。
㉛ 云梦：古泽名。故址在今湖北省监利市西北。
㉜ 阳华：古泽名。确址不详。
㉝ 大陆：古泽名，又名钜鹿泽、广阿泽。古时曾跨今河北省邢台市的隆尧、巨鹿、任泽区、平乡、南和区、宁晋。
㉞ 圃田：古泽名。故址在今河南省中牟县西。
㉟ 孟诸：古泽名。故址在今河南省商丘市东北。
㊱ 海隅：古泽名。故址在今山东蓬莱、莱州以西，沾化、无棣以北的广大地区。
㊲ 钜鹿：古泽名。故址在今河北省隆尧、巨鹿、任泽之间。

㊳ 大昭：古泽名。故址在今山西省祁县西南。
㊴ 赤水：古水名。
㊵ 辽水：古水名。
㊶ 黑水：古水名。
㊷ 通谷：指大河。
㊸ 极星：即北极璇玑，又称"帝星"，今为小熊座。
㊹ 天枢：指北天极。
㊺ 远道：日月星辰以北天极为圆心绕太阳运动，太阳每年在空中划出约365个圆形轨迹，古人取其中七个，冬至日那天划出的圆形轨迹离北天极最远，所以被称作"远道"。
㊻ 周行四极：地球与日月星辰在一年中的运行轨迹为圆形，又能覆盖东西南北四个极限点，故称"周行四极"。
㊼ 参于上：指太阳正在直射。参，值，正当。
㊽ 白民：古代传说中的海外之国。
㊾ 建木：古代传说中的一种树，生长在白民国南部。

【译文】

第一：

天地有始，天由轻微之物上升而成，地由重浊之物下沉而成。天地交合，是万物生成的根本。从寒暑的变化、日月的运行、昼夜的交替中可知这个道理，能用万物不同的形体、性质、应用来解释这个道理。万物由天地交合而形成，由天地分离而产生。知道交合而形成，知道分离而产生，那么就知道天地形成的原理了。要了解天地的形成，应该详察万物的性质，审度万物的形体。

天有九野，地有九州，州内有九座山，山上有九处险隘，水泽有九大渊薮，风有八种，水有六大河流。

什么是九野？天中央为钧天，星宿是角、亢、氐；东方为苍天，星宿为房、心、尾；东北为变天，星宿是箕、斗、牵牛；北方为玄天，星宿是婺女、虚、危、营室；西北为幽天，星宿为东壁、奎、娄；西方为颢天，星宿是胃、昴、毕；西南为朱天，星宿是觜巂、参、东井；南方为炎天，星宿是舆鬼、柳、七星；东南为阳天，星宿是张、翼、轸。

什么是九州？黄河、汉水之间是豫州，为周王室的疆域；清河和西河之间是冀州，为晋国的疆域；黄河、济水之间是兖州，为卫国疆域；东方是青州，为齐国的疆域；泗水以南是徐州，为鲁国的疆域；东南是扬州，为越国的疆域；南方是荆州，为楚国的疆域；西方是雍州，为秦国的疆域；北方是幽州，为燕国的疆域。

什么是九山？即会稽山、泰山、王屋山、首阳山、太华山、岐山、太行山、羊肠山、孟门山。

什么是九处险隘？即大汾、冥阨、荆阮、方城、殽、井陉、令疵、句注、居庸。

什么是九大渊薮？即吴国的具区、楚国的云梦、秦国的阳华、晋国的大陆、梁国的圃田、宋国的孟诸、齐国的海隅、赵国的钜鹿、燕国的大昭。

什么是八风？东北风为炎风，东风为滔风，东南风为熏风，南风为巨风，西南风为凄风，西风为飂风，西北风为厉风，北风为寒风。

什么是六大河流？即河水、赤水、辽水、黑水、江水、淮水。

四海之内，东西长二万八千里，南北长二万六千里。能通航的水道长八千里，其余水道也是八千里。大河有六条，名川有六百条，季节性河流有三千条，小河流上万条。

四极之内，东西长五十九万七千里，南北长也是五十九万七千里。

极星和天同时运行，但北极星不动。冬至日，太阳运行在离北极星最远的位置，环行在四个极限点上，被称为玄明。夏至日，太阳运行在离北天极最近的位置，太阳直射地面。在天极下面，没有昼夜的区别。在白民国南部，在建木下面，中午没有影子，呼喊时没有回响，大概因为这里是天地的中心。

天地万物，如同一个人的身体，这叫高等同一。人有耳目鼻口，万物有五谷寒暑，这叫差异。因此，万物齐备。天生万物，圣人通过考察来区分万物的类别。这体现在天地如何形成、雷电如何发生、阴阳如何变化生成万物，民众、禽兽各得其所等方面。

《禹王治水图》卷（局部）

（宋）赵伯驹（传）　收藏于台北故宫博物院

大禹治水，巡遍天下，对各地的地形、民风、物产都做了细致的考察，并将国土划为冀、青、豫、扬、徐、梁、雍、兖、荆九个州，并规定出每州的贡物品种，有「禹贡」之称。但实际上，中国真正划分九大行政区是在战国初期。

去　尤

三曰：

世之听者，多有所尤①。多有所尤，则听必悖②矣。所以尤者多故，其要必因人所喜，与因人所恶。东面望者不见西墙，南乡③视者不睹北方，意有所在也。

人有亡铁④者，意其邻之子。视其行步，窃铁也；颜色，窃铁也；言语，窃铁也；动作态度，无为而不窃铁也。抇⑤其谷而得其铁，他日复见其邻之子，动作态度，无似窃铁者。其邻之子非变也，己则变矣。变也者无他，有所尤也。

邾⑥之故法，为甲裳⑦以帛。公息忌⑧谓邾君曰："不若以组⑨。凡甲之所以为固者，以满窍⑩也。今窍满矣，而任力者半耳。且⑪组则不然，窍满则尽任力矣。"邾君以为然，曰："将何所以得组也？"公息忌对曰："上用之，则民为之矣。"邾君曰："善。"下令，令官为甲必以组。公息忌知说之行也，因令其家皆为组。人有伤⑫之者曰："公息忌之所以欲用组者，其家多为组也。"邾君不说，于是复下令，令官为甲无以组。此邾君之有所尤也。为甲以组而⑬便，公息忌虽多为组，何伤⑭也？以组不便，公息忌虽无为组，亦何益也？为组与不为组，不足以累公息忌之说。用组之心，不可不察也。

鲁有恶⑮者，其父出而见商咄⑯，反而告其邻曰："商咄不若吾子矣。"且其子至恶也，商咄至美也。彼以至美不如至恶，尤乎爱也。故知美之恶，知恶之美，然后能知美恶矣。《庄子》曰："以瓦投者翔⑰，以钩投者战⑱，以黄金投者殆⑲。其祥⑳一也，而有所矜者，必外有所重者也。外有所重者泄㉑，盖内掘㉒。"鲁人可谓外有重矣。解在乎齐人之欲得金也，及秦墨者之相妒也，皆有所乎尤也。

老聃㉓则得之矣，若植木㉔而立乎独，必不合于俗，则何可扩㉕矣。

【注释】

① 尤：通"宥"，蒙蔽，局限。

② 悖：谬误，错误。

③ 乡：通"向"。

④ 铁（fū）：斧子。

⑤ 掘（hú）：掘。

⑥ 邾：古国名，也称"邾娄"，后改为"邹"。为颛顼后人的封地，被楚国所灭。故址在今山东省邹城市东南。

⑦ 甲裳：战衣。

⑧ 公息忌：本名曹忌，字息，是春秋时期邾国君邾悼公时期的公族大夫。

⑨ 组：用丝编织成的绳带。

⑩ 窍：孔，洞。

⑪ 且：然而。

⑫ 伤：诋毁，诬陷。

⑬ 而：如果，假如。

⑭ 伤：妨碍，阻碍。

⑮ 恶：丑陋。

⑯ 商咄：即春秋时期宋公子商咄，以貌美著称。

⑰ 瓦：陶器。玢：当为"毁"字之误，这里是下赌注的意思。翔：此指安详、坦然。

⑱ 钩：衣带钩。战：惧，害怕，担心。

⑲ 殆：迷惑，困惑。

⑳ 祥：善，此指赌技高超。

㉑ 泄：狎，亲近。

㉒ 内掘：内心不安详。

㉓ 老聃：老子。

㉔ 植木：直立的木头。

㉕ 扩：扩充，此指心神不安。

【译文】

第三：

世上靠道听途说来下结论的人，大多有所局限。有所局限，那么所下的结论也必定是谬误的。让人受局限的原因很多，其关键在于人有所喜欢与厌恶。向东望的人，看不见西墙；向南望的人，看不见北方。这是因为心意专于一方。

有一个丢失斧子的人，怀疑自己的斧子是被邻居的儿子偷的。看他走路的样子，像偷斧子的；看他的脸色，像偷斧子的；看他的举止神态，没有一样不像偷斧子的。等到这个人挖坑时找到了斧子，过了几天再看邻居的儿子，动作神态没有一样像是偷斧子的人了。邻居的儿子没有改变，是丢失斧子的人自己在改变。他改变的原因不复杂，仅仅是因为自己有所局限。

邾国旧法，制作铠甲时要用帛来连缀。公息忌对邾君说："不如用丝绳来代替帛。铠甲之所以牢固，是因为所有缝隙都被塞满。用帛连缀的铠甲，虽然缝隙被塞满，但是只能承受一半的力。而用丝绳连缀的铠甲，缝隙被塞满后就能够承受所有的力。"邾君认为他说得很对，又问："那去哪里获得丝绳呢？"公息忌回答："国家使用，民众就会制造。"邾君说："不错！"于是，邾君下令让负责制作铠甲的官吏必须用丝绳连缀铠甲。公息忌看到自己的主张得到采纳，便让家里人都制造丝绳。有人诋毁他："公息忌建议国君用丝绳代替帛，是因为他的家人制造了很多丝绳。"邾君听说后不高兴，又下命令，不要使用丝绳。这就是邾君的局限！如果制甲用丝绳连缀更好，即使公息忌家大量制造丝绳，又有什么关系呢？如果制甲用丝绳不好，即使公息忌家没有制造丝绳，又有什么好处呢？用不用丝绳，都没有损害公息忌的主张。使用丝绳的本意，不能不考察清楚！

鲁国有个丑陋的人，他的父亲出门看见商咄，回来后告诉邻居："商咄没有我的儿子好看。"但事实是，他的儿子极丑，商咄极美。他认为极美不如极丑，这是被对儿子的偏爱所局限。所以，知道什么是美中的丑和丑中的美，才能知道什么是真正的美丑。《庄子》记载："以瓦器为赌注的人内心必定坦然，以衣带钩为赌注的人内心必定发慌，以黄金为赌注的人内心必定迷惑。虽然他们的赌技一样，但内心迷惑的人必定更看重外物。看重外物，那么内心就会不安详。"那个鲁国人可以说是更看重外物了。这体现在齐国人想要得到金钱，以及秦国的墨者互相嫉妒上，这些都是因为有所局限呀！

老聃可以说是明白这个道理的人了，他像直木一样自行其是，这样必然与世俗不合，那么，还有什么能使他内心不安呢？

《濠梁图》
（清）金廷标　收藏于台北故宫博物院

据《庄子·秋水》记载，庄子与惠子到濠梁游玩。庄子指着河里的鲦鱼说：「鲦鱼出游从容。是鱼之乐也。」惠子问：「子非鱼，安知鱼之乐？」庄子回答：「子非我，安知我不知鱼之乐？」此即「濠梁之辩」。

孝行览

必 己

八曰：

外物不可必①。故龙逢②诛，比干③戮，箕子④狂，恶来⑤死，桀纣亡。人主莫不欲其臣之忠，而忠未必信。故伍员流乎江⑥，苌弘⑦死，藏其血三年而为碧。亲莫不欲其子之孝，而孝未必爱。故孝己⑧疑，曾子⑨悲。

庄子行于山中，见木甚美长大，枝叶盛茂，伐木者止其旁而弗取。问其故，曰："无所可用⑩。"庄子曰："此以不材得终其天年矣。"出于山，及邑，舍故人之家。故人喜，具酒肉，令竖子为杀雁飨之。竖子请曰："其一雁能鸣，一雁不能鸣，请奚杀？"主人之公曰："杀其不能鸣者。"明日，弟子问于庄子曰："昔者山中之木以不材得终天年，主人之雁以不材死，先生将何以处？"庄子笑曰："周⑪将处于材不材之间。材不材之间，似之而非也，故未免乎累⑫。若夫道德则不然。无讶无訾⑬，一龙一蛇，与时俱化，而无肯专为；一上一下，以禾为量⑭，而浮游乎万物之祖，物物而不物于物⑮，则胡可得而累？此神农、黄帝之所法。若夫万物之情、人伦之传⑯则不然。成则毁，大则衰，廉则剉⑰，尊则亏，直则骫⑱，合则离，爱则隳⑲，多智则谋，不肖则欺，胡可得而必？"

牛缺居上地⑳，大儒也。下之邯郸，遇盗于耦沙㉑之中。盗求其橐㉒

中之载,则与之;求其车马,则与之;求其衣被,则与之。牛缺步而去,盗相谓曰:"此天下之显人也,今辱之如此,此必愬㉓我于万乘之主。万乘之主必以国诛我,我必不生,不若相与追而杀之,以灭其迹。"于是相与趋之,行三十里,及而杀之。此以知故也。

孟贲过于河,先其五㉔。船人怒,而以楫㧦其头,顾不知其孟贲也。中河,孟贲瞋目而视船人,发植,目裂㉕,鬓指㉖,舟中之人尽扬㉗播入于河。使船人知其孟贲,弗敢直视,涉无先者,又况于辱之乎?此以不知故也。

知与不知,皆不足恃,其惟和调近之。犹未可必。盖有不辨和调者,则和调有不免也。宋桓司马㉘有宝珠,抵㉙罪出亡。王㉚使人问珠之所在,曰:"投之池中。"于是竭池而求之,无得,鱼死焉。此言祸福之相及也。纣为不善于商,而祸充天地,和调何益?

张毅㉛好恭,门闾帷薄聚居众无不趋,舆隶姻媾小童无不敬,以定㉜其身。不终其寿,内热而死。单豹㉝好术,离俗弃尘,不食谷实,不衣芮㉞温,身处山林岩堀㉟,以全其生。不尽其年,而虎食之。孔子行道而息,马逸㊱,食人之稼,野人㊲取其马。子贡请往说之,毕辞,野人不听。有鄙人㊳始事孔子者,曰:"请往说之。"因谓野人曰:"子不耕于东海,吾不耕于西海也㊴。吾马何得不食子之禾?"其野人大说,相谓曰:"说亦皆如此其辩也!独㊵如向之人?"解马而与之。说如此其无方也而犹行,外物岂可必哉?

君子之自行也,敬人而不必见敬㊶,爱人而不必见爱。敬爱人者,己也;见敬爱者,人也。君子必在己者,不必在人者也。必在己,无不遇矣。

【注释】

① 必:依靠,仗恃。
② 龙逄:又作"龙逢",即关龙逄,夏朝贤臣,因劝谏暴桀而被杀。
③ 比干:商纣王的叔父,因屡谏,被纣王剖心。

④ 箕子：商纣王的叔伯，封于箕，故称"箕子"。箕子屡谏，纣王不听，箕子害怕被纣王残害，但又不肯出走"彰君之恶"，于是假装癫狂来躲避祸患。
⑤ 恶来：商纣王的谀臣，最后被周武王杀死。
⑥ 伍员流乎江：伍子胥被吴王赐死，吴王将其尸体装入皮口袋，投入江中，顺江浮流。
⑦ 苌弘：又称"苌叔"，周敬王的大夫。据说，苌弘死后三年，血化为碧玉。
⑧ 孝己：殷王高宗的儿子，因遭受后母之难，忧郁而死。
⑨ 曾子：曾参，对父母孝顺，却经常被父母责打，所以悲泣。
⑩ 无所可用：没有什么可用的地方。
⑪ 周：庄子的名。
⑫ 累：忧患，灾祸。
⑬ 訾（zǐ）：毁谤非议。
⑭ 以禾为量：据《庄子·山木》，应为"以和为量"。和，指顺应自然。量，界限。
⑮ 物物而不物于物：主宰外物而不为外物所主宰。
⑯ 人伦之传：即流传下来的人与人之间的准则。
⑰ 廉：锋利。刿（cuò）：缺损。
⑱ 骪（wěi）：弯曲。
⑲ 隳（huī）：废，毁坏。
⑳ 牛缺：秦国人。上地：地名，在今陕西省绥德县。
㉑ 耦沙：即"漏水"，又称"沙河"，在今河北省境内。
㉒ 橐：口袋。
㉓ 愬：诉说。
㉔ 先其五：指孟贲不排队，抢先上船。五，通"伍"，行列。
㉕ 目裂：即裂眦（眼眶）。
㉖ 指：直立。
㉗ 扬：骚动。
㉘ 宋桓司马：指桓魋（tuí）。据《左传·哀公十一年》："（太叔）疾臣向魋纳

美珠焉，与之城锄。宋公求珠，魋不与，由是得罪。"与本文有所出入。
㉙ 抵：当，犯。
㉚ 王：指宋景公。春秋时期宋国君主未称王，误记。
㉛ 张毅：鲁国好礼之人。
㉜ 定：使动用法，使……平安。
㉝ 单豹：鲁国隐士，居于山林，不争名利，童颜鹤发。后被饿虎吃掉。
㉞ 芮：粗绵。
㉟ 堀：同"窟"，穴。
㊱ 逸：狂奔。
㊲ 野人：指种田人。
㊳ 鄙人：指边远地区的人。
㊴ 子不耕于东海，吾不耕于西海也：疑有脱误，据《淮南子·人间》"子耕东海，至于西海。"语义才明。
㊵ 独：哪里，谁。
㊶ 见敬：被别人尊敬。

【译文】

第八：

不能倚仗外物。因为倚仗外物，所以龙逢被诛杀，比干被剖心，箕子装疯，恶来被处死，夏桀和商纣王灭亡。君主没有不想要臣子忠诚的，但是忠诚的臣子不一定受到君主信任。因此，伍员被杀后，尸体被投入江中，苌弘被杀后，血藏三年化为碧玉。父母没有不想要儿子孝顺的，但是孝顺的儿子不一定得到父母的喜爱。因此，孝己被怀疑，曾子因遭父母责打而悲伤。

庄子行走在山里，看到一棵很高大的树，枝叶很茂盛，伐木人站在旁边却不伐。庄子问为什么，伐木人说："没有用。"庄子说："这棵树是因为不成材才能终其天年呀！"庄子走出山里，到了一个村庄，在老朋友家留宿。老朋友很高兴，为他准备酒肉，让童仆杀鹅。童仆问："一只能叫，一只不能叫，杀哪只？"老朋友的父亲说："杀不能叫的。"第二天，弟子问庄子："昨天，山里的树因不成材而得以终其天年,老朋友家的鹅却因不成材而被杀,先生您将在成材与不成材两者之间处于哪一边呢?"庄子笑着说:"我将处在成材与不成材之间。成材与不成材之间,似是而非,因此也不能免于祸害。如果你达到了真道,就不会这样了。没有惊讶,也没有毁辱。有时为龙,有时为蛇,随势而变,不专为一物。有时在上,有时在下,以顺应自然为准则,遨游在虚无之境,主宰外物而不被外物所主宰,又怎会受到祸害呢?这便是神农、黄帝所遵循的法则。但对于万物之情与人伦相传的道理,就不一样了。成功意味着会毁坏,强大意味着会衰弱,锋利意味着会缺损,尊崇意味着会损伤,横直意味着会弯曲,聚合意味着会离散,宠爱意味着会被抛弃,智谋多意味着会受算计,不贤德意味着会受欺侮。这些怎么能倚仗呢?"

牛缺居住在上地,是个大儒。他去邯郸的途中,在湡水遇到了盗贼。盗贼要他装在口袋里的财物,他给了;要他的车马,他给了;要他的衣物,他给了。牛缺步行离开后,盗贼们商量着说:"他是天下杰出的人,现在我们这样侮辱他,他一定会向大国的国君控诉我们的所作所为,大国的国君则必定动用全国的力量来讨伐我们,我们必死无疑。不如我们追上他,将他杀了,毁尸灭迹。"于是,盗贼们一起追了三十里路,追上牛缺,把他杀死了。这是因为牛缺让盗贼知道了自己的贤能。

孟贲坐船渡河,插队上了船。船工很生气,不知道他是孟贲,用船桨敲打他的头。等船行驶到了河中间,孟贲睁大眼睛盯着船工,怒发冲冠,眼眶瞪裂,鬓发竖立。船上的人因为害怕都掉到了河里。如果船工早知道他是孟贲,估计都不敢正眼看他一眼,也没有人敢在他前面上船,更别说侮辱他了。这是因为孟贲没有让船工知道自己的身份。

让人知道与不让人知道,都不能够完全倚仗。也许只有和调才近于免除祸患,但还是不够。这是因为还有不懂和调的人,因此和调仍然不能免于祸患。宋国的桓魋有一颗宝珠,他因犯罪而外逃,宋景公派人问他珠宝的下落,他说:"扔在池塘里了。"于是,宋景公命人将池塘抽干寻找,也没有找到,但池塘里的鱼却因此而都死了。这说明祸福相依。商纣王干尽了坏事,使祸患充满天地之间,和调又能有什么用呢?

张毅待人恭敬，经过门间、帷幕垂帘及人聚集处时都快步经过，对待奴隶、姻亲及童仆也都很尊敬，想以此来保平安。但最后他却不能长寿，因内热而死。单豹喜欢道术，摒弃尘俗，不吃五谷，不穿棉絮的衣服，住在山林洞穴中，想以此保全性命，但却不能终其天年，被老虎吃掉了。孔子在路上休息时，拉车的马窜到农田，吃了种田人的庄稼，种田人牵走了他的马。子贡自请去劝说种田人，他好话说尽，但种田人就是不听。有个来自边远地区刚侍奉孔子的人说："请让我去劝说他。"他对种田人说："您耕种的地从东海一直到西海，太广阔了，我们的马怎么可能不吃您的庄稼呢？"那个种田人听了很开心，对他说："竟然还有这样善辩的话，哪像刚才那个人呀！"于是，把马还给了他。这样的劝说不讲方式，但却能行得通，外物又怎么可以倚仗呢？

君子的作为是尊敬人而不求被人尊敬，爱人而不求被人爱。敬人和爱人都在于自己，被人敬和爱，都在于别人。君子倚仗自己，而不倚仗外物。能倚仗自己，就无所不通了。

庄周梦蝶　选自《人物故事图》册　（元）钱选（传），实为清人所作　收藏于美国弗利尔美术馆

《庄子·齐物论》："昔者庄周梦为胡蝶，栩栩然胡蝶也，自喻适志与，不知周也。俄然觉，则蘧蘧然周也。不知周之梦为胡蝶与，胡蝶之梦为周与？周与胡蝶，则必有分矣。此之谓物化。"此即"庄周梦蝶"。

先识览

正 名

八曰：

名①正则治，名丧②则乱。使名丧者，淫说③也。说淫则可不可而然不然，是不是而非不非④。故君子之说也，足以言贤者之实、不肖者之充⑤而已矣，足以喻治之所悖⑥、乱之所由起而已矣，足以知物之情、人之所获以生而已矣。

凡乱者，刑⑦名不当也。人主虽不肖，犹若⑧用贤，犹若听善，犹若为可者。其患在乎所谓贤从⑨不肖也，所为⑩善而从邪辟，所谓可从悖逆也。是刑名异充，而声实异谓也。夫贤不肖⑪，善邪辟，可悖逆，国不乱，身不危，奚待也？

齐湣王是以⑫知说士，而不知所谓士也。故尹文⑬问其故，而王无以应。此公玉丹之所以见信、而卓齿⑭之所以见任也。任卓齿而信公玉丹，岂非以自雠⑮邪？

尹文见齐王，齐王谓尹文曰："寡人甚好士。"尹文曰："愿闻何谓士。"王未有以应。尹文曰："今有人于此，事亲则孝，事君则忠，交友则信，居乡则悌⑯。有此四行者，可谓士乎？"齐王曰："此真所谓士已⑰。"尹文曰："王得若人，肯以为臣乎？"王曰："所愿而不能得也。"尹文曰："使若人于庙朝中深见侮而不斗，王将以为臣乎？"王曰:"否。大夫见侮而不斗,则是辱也,辱则寡人弗以为臣矣。"尹文曰:"虽见侮而不斗,未失其四行也。未失其四行者,是未失其所以为士一矣。未失其所以为士一,而王以为臣,失其所以为士一⑱,而王不以为臣,则向之所谓士者,乃士乎?"王无以应。尹文曰:"今有人于此,将治其国,民有非则非之,民无非则非之,民有罪则罚之,民无罪则罚之,而恶民之难治,可乎?"王曰:"不可。"尹文曰:"窃观下吏之治齐也,方若此也。"王曰:"使寡人治信⑲若是,则民虽不治,寡人弗怨也。意者⑳未至然乎!"尹文曰:"言之不敢无说㉑,请言其说。王之令曰:'杀人者死,伤人者刑。'民有畏王之令、深见侮而不敢斗者,是全王之令也,而王曰:'见侮而不敢斗,是辱也。'夫谓之辱者,非此之谓也。以为臣不以为臣者,罪之也。此无罪而王罚之也。"齐王无以应。论皆若此,故国残身危,走而之㉒谷,如卫。齐,周室之孟侯㉓也,太公之所以老㉔也。桓公尝以此霸矣,管仲之辩㉕名实审也。

【注释】

① 名:与"形""实"对应,指名称或名分。
② 名丧:指名不正。
③ 淫说:浮夸失实的言论。
④ 可不可而然不然,是不是而非不非:把不行说成行,把不是这样说成是这样,把不是说成是,把不对说成对。
⑤ 充:实。
⑥ 悖:通"勃",兴盛。
⑦ 刑:通"形",形体,相当于"实"。
⑧ 犹若:仍然。
⑨ 从:当作"徒"。
⑩ 为:通"谓"。

⑪ 贤不肖：以不肖为贤。意动用法。
⑫ 是以：就是这样。
⑬ 尹文：战国时期齐国人。
⑭ 公玉丹：齐湣王的臣子。卓齿：楚国人，在齐国做官，齐湣王的臣子。
⑮ 自雠：齐湣王的宠臣公玉丹，行无道，被卓齿所杀，所以说"自雠"。雠，树立仇敌。
⑯ 悌：敬爱兄长。
⑰ 已：语气词，表示确定。
⑱ 而王以为臣，失其所以为士一：衍文。
⑲ 使：假设。信：真的，确实。
⑳ 意者：抑或，或许。
㉑ 说：道理。
㉒ 之：往。
㉓ 孟侯：诸侯之长。
㉔ 老：养老。指寿终。
㉕ 辩：通"辨"。辨别。

【译文】

第八：

名正，国家就能治理好；名不正，国家就会混乱。使名不正的是浮夸失实的言辞。言辞浮夸失实就会把不行说成行，把不是这样说成是这样，把不是说成是，把不错说成错。所以，君子的言论，能说明贤人的贤能、不肖之人的不肖就可以了，能讲清治世缘何兴盛和乱世由何引起就可以了，能让人知晓事物的情况、人为什么而生就可以了。

乱，都是因为名实不副。君主即使不肖，也仍然知道任用贤人，仍然知道听从善言，仍然知道做可行之事。他们的错误在于将不肖之人认为是贤人，将邪言认为是善言，将悖逆之事认为是可行之事。这便是所谓的形名异实和名实不副。将不肖之人当成贤能之人，将邪僻的言辞当成善良的言辞，将悖逆之事当成可行之事，像这么做，国家不混乱，自身不危险，还等什么呢？

齐湣王就是这样的君主。他喜欢士，但不知道什么叫作士。因此，尹文问他，齐湣王不知道怎么回答。这就是公玉丹被信任、卓齿被任用的原因。任用卓齿，信任公玉丹，难道不是在给自己树敌吗？

尹文拜见齐湣王，齐湣王说："我非常喜欢士。"尹文说："我希望听您说说士是什么样的人。"齐湣王无话可说。尹文说："如果现在有这样一个人，对父母很孝顺，对君主很忠诚，对朋友很守信，对兄长很敬爱。有这四种品行的人，可以称为士吗？"齐湣王说："这是真的士了。"尹文说："您得到这个人，愿意重用他吗？"齐湣王说："我倒是希望，只是不能得到。"尹文说："如果这个人在大庭广众之下遭受大耻辱却不与人争斗，您还会将他当作臣子吗？"齐王说："不会。士受到侮辱不争斗，这是耻辱。甘心受辱，我就不愿意让他做臣子了。"尹文说："这个人虽然受到侮辱而没有争斗，但他并没有丧失刚才所说的四种品行。没有丧失这四种品行，就说明他没有丧失成为士的条件。没有丧失成为士的条件，大王您却不让他做臣子，那么您先前所认为的士还是士吗？"齐湣王无话可说。尹文说："如果现在有这样一个治理国家的人，子民有错就责备，子民没错也责备，子民有罪就惩罚，子民没罪也惩罚。最后，反倒埋怨子民难治，行吗？"齐王说："不行。"尹文说："我私下观察您治理的齐国，正是这样。"齐王说："如果我治理的国家真的像这样，即使治理不好，我也不会埋怨子民。可能我还没有到达你说的那个地步吧！"尹文说："说话要讲道理，请允许我说说。您的法令：'杀人要处死，伤人要受刑。'有敬畏您的法令的子民，受到莫大侮辱但不敢争斗，这是顾全您的法令，但是您却说：'受侮辱而不敢争斗，这是耻辱。'真正的耻辱，不是这样的。而是本该做臣子的人，您却不任用他做臣子，这相当于在惩罚他。这就是子民没有罪但您却在惩罚子民呀！"齐湣王无话可说。齐湣王的言论都类似这样，所以最后国残身危，逃到谷邑，躲到卫国。齐国，为周朝分封的诸侯之长，太公望在此寿终。后来，齐桓公凭借齐国称霸诸侯，这是因为管仲辨察名实非常详明呀！

离俗览

高 义

二曰：

君子之自行也，动必缘义，行必诚义，俗虽谓之穷，通也。行不诚义，动不缘义，俗虽谓之通，穷也。然则君子之穷通，有异乎俗者也。故当功以受赏，当罪以受罚。赏不当，虽与之必辞；罚诚①当，虽赦之不外②。度③之于国，必利长久。长久之于主，必宜内反于心不惭然后动。

孔子见齐景公④，景公致廪丘以为养⑤。孔子辞不受，出谓弟子曰："吾闻君子当功⑥以受禄。今说⑦景公，景公未之行而赐之廪丘，其不知丘亦甚矣！"令弟子趣驾，辞而行。孔子，布衣也，官在鲁司寇，万乘难与比行，三王之佐不显焉，取舍不苟⑧也夫！

子墨子游公上过于⑨越。公上过语墨子之义，越王说之，谓公上过曰："子之师苟肯至越，请以故吴之地阴江之浦书社⑩三百以封夫子。"公上过往复于子墨子，子墨子曰："子之观越王也，能听吾言、用吾道乎？"公上过曰："殆⑪未能也。"墨子曰："不唯越王不知翟之意，虽子亦不知翟之意。若越王听吾言、用吾道，翟度身而衣，量腹而食，比于宾萌⑫，未敢求仕。越王不听吾言、不用吾道，虽全越以与我，吾无所用之。越王不听吾言、不用吾道，而受其国，是以义粜⑬也。义粜何必越，虽于中国⑭亦可。"凡人不可不熟论。秦之野人⑮，以小利之故，弟兄相狱[16]，亲戚[17]相忍。今可得其国，恐亏其义而辞之，可谓能守行矣。其与秦之野人相去亦远矣。

荆人与吴人将战，荆师寡，吴师众。荆将军子囊[18]曰："我与吴人战，必败。败王师，辱王名，亏壤土，忠臣不忍为也。"不复于王而遁。至于郊，使人复于王曰："臣请死。"王曰："将军之遁也，以其为利也。今诚[19]利，将军何死？"子囊曰："遁者无罪，则后世之为王臣者，将皆依不利之名而效臣遁。若是，则荆国终为天下挠[20]。"遂伏剑而死。王曰："请成将军之义。"乃为之桐棺三寸[21]，加斧锧其上[22]。人主之患，存而不知所以存，亡而不知所以亡。此存亡之所以数至也。郼、岐之广也[23]，万国之顺也，从此生矣。荆之为四十二世矣[24]，尝有乾谿、白公之乱[25]矣，尝有郑襄、州侯之避[26]矣，而今犹为万乘之大国，其时有臣如子囊与[27]！子囊之节，非独厉[28]一世之人臣也。

荆昭王[29]之时，有士焉[30]曰石渚。其为人也，公直无私，王使为政。道有杀人者，石渚追之，则其父也。还车而反，立于廷曰："杀人者，仆之父也。以父行法，不忍；阿[31]有罪，废国法，不可。失法伏罪，人臣之义也。"于是乎伏斧锧[32]，请死于王。王曰："追而不及，岂必伏罪哉！子复事矣。"石渚辞曰："不私[33]其亲，不可谓孝子；事君枉法，不可谓忠臣。君令赦之，上之惠也；不敢废法，臣之行也。"不去斧锧，殁头[34]乎王廷。正法枉必死，父犯法而不忍，王赦之而不肯，石渚之为人臣也，可谓忠且孝矣。

【注释】

① 诚：如果，假使。
② 外：外，摒弃，推却。
③ 度（duó）：衡量。
④ 齐景公：春秋时期齐国君主。

⑤ 廪丘：齐邑名，在今山东省郓城县西北。以为养：指将廪丘作为食邑。
⑥ 当功：有功。
⑦ 说：游说。
⑧ 不苟：不苟且。
⑨ 游：使动用法，使……游。公上过：墨子弟子。
⑩ 阴江：江名。浦：江边。书社：古代以二十五家为一社，书写社人姓名在册籍上，所以称"书社"。
⑪ 殆：恐怕。
⑫ 宾萌：迁徙而来的人。萌，民。
⑬ 粜：卖。
⑭ 中国：指中原各国。
⑮ 野人：同"鄙人"，指郊野的农民。
⑯ 狱：打官司。
⑰ 亲戚：指亲人。
⑱ 子囊：春秋时期楚庄王的儿子。
⑲ 诚：确实。
⑳ 挠：挫，挫败。
㉑ 桐棺三寸：指刑人之棺。按《荀子·礼论》："刑余罪人之丧……棺椁三寸。"这里表明是受刑而死。
㉒ 加斧锧其上：指处以刑罚。斧，刑具。锧，砧板。
㉓ 郼：商汤灭桀前的封国。岐：周武王灭纣前的封地。广：扩大。
㉔ "荆之"句："为"后应该遗漏了"国"字。
㉕ 乾谿、白公之乱："乾谿之乱"，据《左传·昭公十二年》载，楚灵王伐楚，他的的军队最初"次于乾谿"；司马公子弃疾"先除王宫"，并派人去瓦解乾谿楚灵王的军队，楚灵王自缢而死。"白公之乱"，白公，指白公胜。白公胜的父亲楚平王太子建被郑国人杀害。白公胜为了报仇，杀死了楚令尹子西、司马子旗，并占据楚都。
㉖ 郑襄、州侯之避：指郑袖、州侯助楚王行邪僻的事情。

㉗ 与：语气词，表疑问。
㉘ 厉：磨砺，勉励。
㉙ 荆昭王：楚昭王。
㉚ 焉：语气词，无实在意义。
㉛ 阿（ē）：偏袒，庇护。
㉜ 伏斧锧：指请求受死。
㉝ 私：偏爱，爱。
㉞ 殁头：刎颈。

【译文】

第二：

君子的所作所为，动机必定遵循义，行为必定忠于义，世人虽认为这样行不通，但君子认为行得通。行为不忠于义，动机不遵循义，世人虽认为行得通，但君子却认为行不通。因此，君子所认为的行得通与行不通，跟世俗之人是不相同的。所以，有功就接受奖赏，有罪就接受惩罚。如果不应该接受奖赏，那么即使赏给自己，君子也一定会谢绝；如果应该被惩罚，那么即使赦免自己，君子也不会逃避惩罚。以此来衡量国家大事，必定为国家带来长久的利益。要让君主有长远的利益，君子必定要内省到不惭愧再行动。

孔子拜见齐景公，景公将廪丘送给他作为食邑。孔子谢绝不受，出来后对学生们说："我听说君子应当因功而受禄，今天，我劝说景公推行我的主张，他还没有施行，就要赏赐我廪丘，他一点都不了解我！"孔子让学生赶快套好车，告辞后就走了。孔子是平民，在鲁国任过大司寇，但万乘之国的君主难以跟他相提并论，三位圣贤帝王的辅佐之臣没有他显赫，这是因为他能取舍都坦荡不苟且呀！

墨子让公上过到越国游说。公上过讲述了墨子的主张，越王很喜欢，对公上过说："您的老师如果肯到越国来，我愿把吴国故地阴江沿岸三百社的地方封给他老先生。"公上过回去禀报墨子，墨子说："你看越王能听从我的话，采纳我的主张吗？"公上过说："恐怕不能。"墨子说："不仅越王不了解我的心意，甚至你也不知我的心意。如果越王听从我的话，采纳我的主张，我将量体穿衣,量腹而食,处于宾客的位置,不敢要求做官。如果越王不听从我的话,不采纳我的主张,就算把整个越国交给我,我也没有什么用处。越王不听从我的话,不采纳我的主张,但我却接受他的国家,这是在用义做交易,用义做交易,又何必去越国呢?中原的诸侯国也行呀!"凡是对人,不能不仔细考察。秦国鄙野之人,因为一点小利,就兄弟互相诉讼,亲人互相残害。墨子本来能得到越王赏赐的国土,但是他害怕损害自己的道义就谢绝了,这可以说是坚守了自己的操行。秦国鄙野之人跟他相比,差得太远了。

楚国与吴国将要发生战争,楚军人少,吴军人多。楚国将军子囊说:"我带军与吴军对战,必定战败。使君主的军队战败,就会让君主的名声受辱,还会使国家的土地受损失,忠臣是不忍心这样做的。"于是,子囊没有向楚王禀报就私自逃回楚国了。到了都城郊外,子囊派人向楚王禀告:"我请求被处死。"楚王对他说:"将军你逃回来,是认为这样有利啊。如今证明确实有利,将军为什么还要寻死呢?"子囊说:"如果逃回来的没有罪,那么后世将领也会以同样的借口来效法我临阵脱逃。这样,楚国最终会被其他诸侯国打败。"说完,子囊用剑自杀而死。楚王说:"我来成全将军的道义。"于是,楚王命人为他做了三寸厚的桐木棺,以表示惩罚;将斧子砧子等刑具放在棺上,以表示死刑。君主的弊病是,国家留存却不知道为何能留存,亡国却不知道为何亡国。这就是存亡的情况频繁出现的原因。郢、岐的扩大,万国的归顺,都是这个原因。楚国现在已经流传四十二代了,曾经也经历过乾谿、白公的祸乱,有过郑袖、州侯行邪僻的事情,但现在仍然是万乘之国,这多是因为经常有子囊那样的臣子呀!子囊的节操,不单单勉励了一代臣子呀!

楚昭王在位时,有个叫石渚的贤士。他为人铁面无私,因此楚昭王任用他来管理政事。有人在路上杀人,石渚去追赶,发现原来杀人的人是他的父亲。他掉转车头返回来,站在朝堂上说:"杀人的人是我的父亲。将父亲绳之以法,我不忍心;但偏袒罪人,废弃国家刑法,也不可以。执法有失受到惩罚,是臣子应该遵守的道义。"于是,石渚趴伏在刑具上,请求楚昭王赐死。楚昭王说:"追赶犯人而没有追上,不一定就要受到惩处,你重新担任职务吧!"石渚说:"不偏爱自己的父亲,不算是孝子;侍奉君主而违法曲断,不算是忠臣。您赦免我，是君主的恩惠；不敢废弃刑法，是臣子的操行。"石渚不肯拿掉刑具，在楚昭王朝廷上自刎而死。按照公正的刑法，违法必定要被处死。父亲犯法，石渚不忍心处以死刑；君主赦免了自己，石渚却不愿意接受赦免。石渚作为臣子，可以说是忠孝两全了。

《孔子见荣启期图》（宋）佚名 收藏于美国波士顿艺术博物馆

据《列子》记载，孔子游泰山时，遇到荣启期，见其只穿着劣质鹿皮裘，扎麻绳做衣带，衣不蔽体，但却能弹琴放歌，怡然自乐。孔子便请教：「先生所以乐，何也？」荣启期回答：「吾乐甚多，天生万物，唯人为贵。而吾得为人，是一乐也。」又说：「男女之别，男尊女卑，故以男为贵，吾既得为男矣，是二乐也。」再说：「人生有不见日月，不免襁褓者，吾既已行年九十矣，是三乐也。」最后说：「贫者士之常也，死者人之终也，处常得终，当何忧哉？」孔子听完后，感叹：「善乎！能自宽者也！」

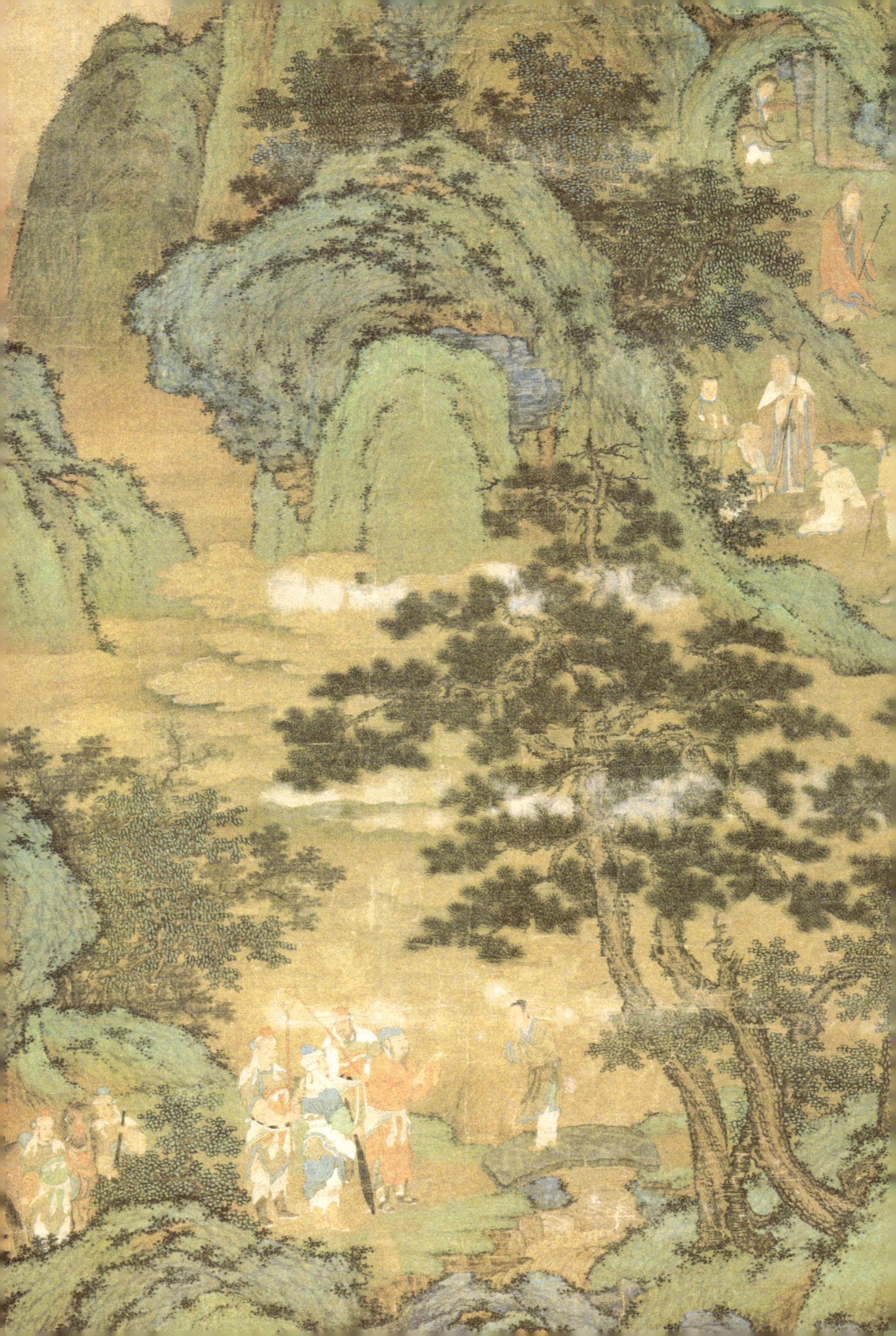

论

开春论

审 为

四曰：

身者，所为①也；天下者，所以为②也。审所以为③，而轻重得矣。今有人于此，断首以易冠，杀身以易衣，世必惑之④。是何也？冠，所以饰首也。衣，所以饰身也。杀所饰要⑤所以饰，则不知所为矣。世之走利有似于此。危身伤生、刈颈断头以徇利，则亦不知所为也。

太王亶父居邠⑥，狄人攻之。事以皮帛而不受，事以珠玉而不肯，狄人之所求者，地也。太王亶父曰："与人之兄居而杀其弟，与人之父处而杀其子，吾不忍为也。皆勉处⑦矣！为吾臣与狄人臣，奚以异？且吾闻之，不以所以养害所养⑧。"杖策⑨而去。民相连而从之，遂成国于岐山⑩之下。太王亶父可谓能尊生矣。能尊生，虽贵富，不以养伤身；虽贫贱，不以利累形。今受其先人之爵禄，则必重失之。生之所自来者久矣，而轻失之，岂不惑哉！

韩魏相与争侵地⑪。子华子见昭釐侯⑫，昭釐侯有忧色。子华子曰："今使天下书铭⑬于君之前，书之曰：'左手攫⑭之则右手废，右手攫之则左手废，然而攫之必有天下。'君将攫之乎？亡其不⑮与？"昭釐侯曰："寡人不攫也。"子华子曰："甚善。自是观之，两臂重于天下也。身又重于两臂。韩之轻于天下远；今之所争者，其轻于韩又远。君固⑯愁身伤生以忧之戚[17]不得也。"昭釐侯曰："善。教寡人者众矣，未尝得闻此言也。"子华子可谓知轻重矣。知轻重，故论不过。

中山公子牟谓詹子[18]曰："身在江海之上[19]，心居乎魏阙之下[20]，奈何？"詹子曰："重生。重生则轻利。"中山公子牟曰："虽知之，犹不能自胜也。"詹子曰："不能自胜则纵之，神无恶乎！不能自胜而强不纵者，此之谓重伤[21]。重伤之人无寿类[22]矣。"

【注释】

① 所为：指行为的目的。为，介词。
② 所以为：指用以达到目的的手段。
③ 审所以为：包含"所以为""所为"。
④ 惑之：认为他糊涂。惑，意动用法。
⑤ 要：求。
⑥ 太王亶父：即古公亶父，周朝先祖，周文王祖父。邠（bīn）：也作"豳"，地名，在今陕西省旬邑县西。
⑦ 勉处：好好居住。
⑧ 所养：指民众。
⑨ 杖：动词，拄着。策：手杖。
⑩ 岐山：在今陕西省岐山县。
⑪ 争侵地：争夺侵占土地。
⑫ 昭釐（xī）侯：战国时期韩国君主，谥昭釐。
⑬ 铭：书写或刻镂于器物之上的文字。
⑭ 攫：抓取。
⑮ 亡（wú）其：选择连词，还。不（fǒu）：否。
⑯ 固：通"顾"，反而。
⑰ 戚：近。
⑱ 中山公子牟：战国魏公子，名牟，封于中山，故称。詹子：詹何，魏人。
⑲ 身在江海之上：指隐居江湖。

⑳ 心居乎魏阙之下：指向往荣华富贵。
㉑ 重（chóng）伤：再一次受伤。
㉒ 寿类：长寿的人。

【译文】

第五：

生命，是身体存在的目的；天下，则是保养生命的凭借。分清楚什么是目的，什么是凭借，就知道轻重了。如果现在有这样一个人，为了换帽子而砍掉头颅，为了换衣服而损伤身体，世人一定认为他糊涂。这是为什么呢？因为帽子是用来装饰头的，衣服是用来打扮身体的。残害身躯头颅来使衣帽完好，这是不知道自己行为的目的，世人趋利就是这种情形。他们残害身体，损伤生命，甚至断颈砍头来逐利，这也是不知道行为的目的。

太王亶父封在邠地，北方狄人前来攻打。太王亶父献上皮毛丝帛，狄人不接受；献上珍珠美玉，狄人也不肯退兵。狄人所要的是土地。太王亶父对子民说："与你们的哥哥住在一起，却要使你们的弟弟被杀；与你们的父亲住在一起，却要使你们的儿子被杀，我不忍心这么做。你们留下，好好住在这里生活吧！做我的臣民与做狄人的臣民有什么不同呢？并且我听说，不能用养育百姓的土地来危害所养育的百姓。"于是，太王亶父拄着手杖离开了邠地。百姓们成群结队地跟着他，于是他又带着他们在岐山下建立了国家。太王亶父算是能够看重生命了。能够看重生命，虽然富贵，也不会因为富贵而损害生命；虽然贫贱，也不会因为财利而拖累身体。现在如果有人承袭了祖上的官爵俸禄，一定舍不得失去。生命由来已久，人们却不把失去生命放在心上，难道不是糊涂吗？

韩魏两国在互相争夺侵占来的土地。子华子拜见韩昭釐侯，昭釐侯面带忧色。子华子说："如果现在天下人在您面前用铭文写道：'左手抓取这篇铭文就砍掉右手，右手抓取这篇铭文就砍掉左手，但只要抓取就能得到天下。'您抓还是不抓？"昭釐侯回答："我是不愿意抓取的。"子华子说："很好，由此看来，两臂远比天下更重要，而身体又比两臂重要。韩国比天下分量轻多了，现在您争夺的土地又比韩国分量轻多了。您丢掉两臂占有天下尚且不愿去做，反倒要劳神伤生为得不到这些土地而忧虑，这恐怕不值得吧！"昭釐侯说："不错，教诲我的人很多，但我从没有听过你这样的话呢！"子华子算是知道轻重了，知道轻重，所以言论没有犯错误。

中山公子牟对詹子说："我隐居在江海之上，但心却在朝廷之中，该如何是好？"詹子说："那你要看重生命，看重生命就会轻视名利。"中山公子牟说："道理我都知道，但还是不能克制自己。"詹子说："不能克制自己就放纵它吧，这样，精神就不会受到伤害了！不能克制自己又硬是约束自己，这是双重伤害，受到双重伤害的人没有长寿的。"

《商山四皓图》轴
（元）佚名　收藏于故宫博物院

商山，在今陕西省商洛市东南，地势险峻，景色清幽。因不满秦始皇焚书坑儒的暴行，东园公、甪里、绮里季、夏黄公四个老者隐居于此，号称『商山四皓』。西汉建立后，汉高祖刘邦曾多次邀请四位老者出山辅佐自己，但被婉拒。后来，刘邦想废除资质平庸的太子刘盈，立戚夫人之子赵王刘如意为太子。吕后用张良策，令太子刘盈卑词安车，招揽得四人。刘邦看刘盈羽翼已成，便打消了废除刘盈太子之位的念头。此画描绘的正是这一历史故事。『商山四皓』完美地平衡了『身在江海』与『居于庙堂』的关系。

爱　类

五曰：

仁于他物，不仁于人，不得为仁。不仁于他物，独仁于人，犹若①为仁。仁也者，仁乎其类者也。故仁人之于民也，可以便②之，无不行也。

神农之教③曰："士有当年④而不耕者，则天下或受其饥矣；女有当年而不绩⑤者，则天下或受其寒矣。"故身亲耕，妻亲绩，所以见⑥致民利也。贤人之不远⑦海内之路，而时往来乎王公之朝，非以要⑧利也，以民为务⑨故也。人主有能以民为务者，则天下归之矣。王也者，非必坚甲利兵选卒练⑩士也，非必隳⑪人之城郭杀人之士民也。上世之王者众矣，而事皆不同，其当⑫世之急、忧民之利、除民之害同。

公输般⑬为高云梯，欲以攻宋。墨子闻之，自鲁往，裂⑭裳裹足，日夜不休，十日十夜而至于郢。见荆王曰："臣北方之鄙人也，闻大王将攻宋，信有之乎？"王曰："然。"墨子曰："必得宋乃攻之乎？亡其⑮不得宋且不义犹攻之乎？"王曰："必不得宋且有不义，则曷为攻之？"墨子曰："甚善。臣以宋必不可得。"王曰："公输般，天下之巧工也，已为攻宋之械矣。"墨子曰："请令公输般试攻之，臣请试守之。"于是公输般设攻宋之械，墨子设守宋之备。公输般九⑯攻之，墨子九却之，不能入。故荆辍不攻宋。墨子能以术御荆免宋之难者，此之谓也。

圣王通士⑰，不出于利民者无有。昔上古龙门⑱未开，吕梁未发⑲，河出孟门⑳，大溢逆流，无有丘陵沃衍、平原高阜㉑，尽皆灭之，名曰"鸿㉒水"。禹于是疏河决江，为彭蠡㉓之障，干㉔东土，所活者千八百国。此禹之功也。勤劳为民，无苦乎禹者矣。

匡章谓惠子曰："公之学去尊㉕，今又王齐王㉖，何其到㉗也？"惠子曰："今有人于此，欲必击其爱子之头，石可以代之——㉘"匡章曰："公取之代乎？其不与？""施取代之。子头，所重也；石，所轻也。击其所轻以免其所重，岂不可哉！"匡章曰："齐王之所以用兵而不休，攻击人而不止者，其故何也？"惠子曰："大者可以王，其次可以霸也。今可以王齐王而寿㉙黔首之命，免民之死，是以石代爱子头也，何为不为？"民寒则欲火，暑则欲冰，燥则欲湿，湿则欲燥。寒暑燥湿相反，其于利民一也。利民岂一道哉！当其时而已矣。

【注释】

① 犹若：仍然。
② 便：利。
③ 教：教令。
④ 当年：壮年。
⑤ 绩：缉麻，把麻搓捻成线或绳。
⑥ 见（xiàn）：显示，表示。
⑦ 远：意动用法，以……为远。
⑧ 要：求。
⑨ 以民为务：将为百姓谋利当作要务。
⑩ 练：挑选。
⑪ 隳（huī）：毁坏。
⑫ 当：承担。
⑬ 公输般：春秋时期鲁国人，世称鲁班，为著名工匠。
⑭ 裂：撕。
⑮ 亡（wú）其：还是。
⑯ 九：指多次。
⑰ 通士：指知识渊博、通达事理的读书人。

⑱ 龙门：山名，在今山西省河津市。传说禹曾凿龙门来疏通黄河。
⑲ 吕梁：山名，在今陕西省韩城市。传说禹曾凿吕梁山来疏通黄河。发：开。
⑳ 出：高出，超过。孟门：山名，在今陕西省宜川县。
㉑ 阜（fù）：高山。
㉒ 鸿：大。
㉓ 彭蠡：即鄱阳湖。
㉔ 干：使动用法，使……干。
㉕ 去尊：放弃尊位。
㉖ 王齐王：以齐王为王。第一个"王"字活用为动词。
㉗ 到：通"倒"，相反。
㉘ 石可以代之——：表示惠子的话还没说完，就被匡章打断。
㉙ 寿：使动用法，使……长寿。

【译文】

第五：

对他物仁爱，对人不仁爱，不算是仁；对他物不仁爱，只对人仁爱，仍然算是仁。仁，就是对同类仁爱。所以，仁人对待民众，只要能让他们获利，就没有什么不愿去做的。

神农教令："成年男子如果不耕种，那么天下人就会因此挨饿；成年女子如果不缉麻，那么天下人就会因此受冻。"所以，神农亲自耕田，他的妻子亲自缉麻，以此表示要为百姓谋利。贤人不嫌弃海内路途遥远，时而往来于朝廷，并不是为了谋求私利，而是要为百姓谋利。国君如果能为百姓谋利，那么天下就会归顺他。称王天下，不一定要靠坚甲利兵和精兵猛士，不一定非要毁坏对方的城郭，杀戮对方的臣民。上古的君王很多，虽然他们所做的事情不同，但他们承担社会的急难、关心民众的利益、消除民众的祸害，在这些方面是相同的。

公输般为楚国制作了高大的云梯，准备用它攻打宋国。墨子听说后，自鲁国前往楚国。墨子撕碎衣裳裹脚，日夜兼程，走了十天十夜才到达郢都。墨子拜见楚王，对他说："我是来自北方的鄙野之人，听说大王想要攻打宋国，有这回事吗？"楚王回答："有这么回事。"墨子说："您是认为能得到宋国才攻打它呢？还是即使得不到宋国且知道可能会落下不义的名声而仍然要攻打它呢？"楚王回答："如果知道得不到，还会落下不义的名声，那么我为什么还要攻打呢？"墨子说："您说得很好。但我认为您一定攻不下宋国。"楚王说："天下最有名的巧匠公输班已经帮助我制作出攻打宋国的器械了。"墨子说："那请您让公输班来攻，我试着来守。"于是，公输班设置攻打宋国的器械，墨子设置守卫宋国的设备。公输班多次进攻，都被墨子打退，公输班不能攻入城中。因此，楚国没有攻打宋国。这就是墨子设法抵御楚国而解救宋国的事情。

圣君和通达之士的言行，没有不为民众谋利的。上古时代，龙门山还没有开凿，吕梁山还没有打通，黄河漫过孟门山，大水泛滥，丘陵、沃野、平原、高山全部被淹没，人们把它叫作"鸿水"。因此，大禹通浚黄河，疏导长江，筑起彭蠡泽的堤防，使东方洪水得以消退，拯救了一千八百多个国家，这是禹的功绩呀！为民众操劳，没有比禹更艰苦的。

匡章对惠子说："您的学说推崇放弃尊位，现在您却尊齐王为王，为什么您的言行不一致呢？"惠子回答："如果现在有这样一个人，迫不得已，一定要击打其爱子的头，但爱子的头可以用石头来代替——"匡章抢过话来说："您会用石头代替呢？还是不这样做？"惠子说："我会用石头来代替爱子的头。爱子的头是重要的，石头是轻贱的，击打轻贱之物，以避免重要之物受害，为什么不可以呢？"匡章又问："齐王用兵不休，征战不止，是为什么呢？"惠子说："因为齐王这样就可以称王天下，退一步也可以称霸诸侯。现在可以用尊齐王为王的方法来使齐王罢兵，使百姓得以寿终，避免死于战祸，这就是用石头来代替爱子的头呀！为什么不做呢？"百姓寒冷时希望得到火，炎热时希望得到冰，干燥时希望得到潮湿，潮湿时希望得到干燥。寒冷与炎热、干燥与潮湿相互对立，但它们在利于百姓方面是一样的。为百姓谋利岂止一种方法，只要适合时宜就可以了。

慎行论

察　传

六曰：

夫得言不可以不察。数传而白为黑，黑为白。故狗似玃①，玃似母猴②，母猴似人，人之与狗则远矣。此愚者之所以大过也。

闻而③审，则为福矣；闻而不审，不若无闻矣。齐桓公闻管子于鲍叔，楚庄闻孙叔敖于沈尹筮，审之也，故国霸诸侯也。吴王闻越王句践于太宰嚭④，智伯闻赵襄子⑤于张武，不审也，故国亡身死也。

凡闻言必熟论⑥，其于人必验之以理。鲁哀公问于孔子曰："乐正夔⑦一足，信乎？"孔子曰："昔者舜欲以乐传教⑧于天下，乃令重黎⑨举夔于草莽之中而进之，舜以为乐正。夔于是正六律，和五声，以通八风⑩，而天下大服。重黎又欲益求人，舜曰：'夫乐，天地之精也，得失之节⑪也，故唯圣人为能和。和，乐之本也。夔能和之，以平天下，若夔者，一而足矣。'故曰'夔一足'，非'一足'也。"宋之丁氏，家无井而出溉汲⑫，常一人居外。及其家穿井，告人曰："吾穿井得一人。"有闻而传之者曰："丁氏穿井得一人。"国人道之，闻之于宋君。宋君令人问之于丁氏。丁氏对曰："得一人之使，非得一人于井中也。"求闻之若此，不若无闻也。子夏之晋，过卫，有读史记⑬者曰："晋师三豕⑭涉河。"子夏曰："非也，是己亥⑮也。夫'己'与'三'相近，'豕'与

'亥'相似⑯。"至于晋而问之,则曰"晋师己亥涉河"也。

辞多类非而是,多类是而非。是非之经⑰,不可不分。此圣人之所慎也。然则何以慎?缘⑱物之情及人之情以为所闻,则得之矣。

【注释】

① 玃(jué):兽名,像猕猴但体形较大。
② 母猴:兽名,又称猕猴、沐猴。
③ 而:如果。
④ 太宰嚭(pǐ):伯嚭,春秋时期楚国人,任吴王夫差太宰,故称"太宰嚭"。吴国打败越国以后,伯嚭接受越国的贿赂,劝说夫差答应越国的求和,越王勾践卧薪尝胆,最终灭掉吴国。
⑤ 赵襄子:春秋末年晋国六卿之一,名无恤。
⑥ 熟论:深入研究。
⑦ 夔(kuí):人名,舜时乐正,善音律。
⑧ 传教:传布教化。古人将音乐当成移风易俗的工具。
⑨ 重(chóng)黎:尧在位时,掌管时令,后为舜臣。
⑩ 通:调和。八风:八方之风。
⑪ 节:关键,重点。
⑫ 溉:灌注。汲:打水。
⑬ 史记:史书。
⑭ 豕:猪。
⑮ 己亥:干支纪日之一,顺序为第三十六。
⑯ 古文中,"己"与"三"、"豕"与"亥"字因字形相近而容易混淆。
⑰ 经:界限。
⑱ 缘:顺着。

【译文】

第六:

听到传闻不可以不审察清楚。传闻经过多次转述,白的就会变成黑的,黑的就会变成白的。狗像玃，玃像母猴，母猴像人，但人和狗是相差很大的。这是愚人往往犯大错的原因。

听到传闻加以审察，就是福；听到传闻不加以审察，还不如没有听到。齐桓公从鲍叔牙那里听到管仲的贤能，楚庄王从沈尹筮那里听到孙叔敖的贤能，加以审察后任用，所以能称霸诸侯。吴王夫差从太宰嚭那里听到越王勾践求和的愿望，智伯从张武那里听到赵襄子联盟的意图，没有审察就同意，因此国破身亡。

凡是听到传闻务必要深入考察，涉及人的传闻还要用事理加以验证。鲁哀公问孔子："听说舜的乐正夔只有一只脚，能信吗？"孔子回答："从前舜想要以音乐来教化天下，便派重黎从民间把夔选拔出来，舜任命他为乐正。于是，夔定六律，和五声，调八风，天下因此完全归服。重黎还想多找一些像夔这样的人，舜说：'音乐是天地之气的精华，政治得失的关键，只有圣人才能和谐音律，而和谐是音乐的根本。夔可以使音乐和谐，用以安定天下，像他这样的人，有一个就足够了。'因此，'夔一足'并不是说夔只有一只脚呀！"宋国的丁氏，家里没有水井，要经常有一人外出打水。后来，他家挖了水井，就跟人说："我挖井得一个人。"有人听到就传言说："丁氏挖井挖出一个人来。"宋国国君听到了国人的谈论，便派人去问丁氏。丁氏回答："我是说挖出一口井后省出了一个人使唤，并不是说从井里挖出一个人。"对传闻如果这样不得法地寻根究底，就不如没有听到。子夏到晋国去，路过卫国，听到有人读史书，说："晋军三豕渡黄河。"子夏说："这是错误的，'三豕'应为'己亥'。这是因为'己'和'三'字形相似，'豕'和'亥'写法类似。"到了晋国一问，果然是"晋军在己亥这天渡过黄河"。

言辞有很多是似非而是、似是而非的。是非的界限，不能不分清。这是连圣人都要慎重对待的。那么怎么才能慎重对待呢？就是要用自然的情况和人事的情理来考察传闻，这样就可以得到真实的情况了。

战国越王州句剑
收藏于台北故宫博物院

不苟论

博 志

五曰：

先王有大务①，去其害之者，故所欲以必得，所恶以必除，此功名之所以立也。俗主则不然，有大务而不能去其害之者，此所以无能成也。夫去害务与不能去害务，此贤不肖之所以分也。

使獐疾走，马弗及②至，已而得者，其时顾③也。骥一日千里，车轻也；以重载则不能数里，任④重也。贤者之举事也，不闻无功，然而名不大立、利不及世者，愚不肖为之任⑤也。

冬与夏不能两刑⑥，草与稼不能两成，新谷熟而陈谷亏，凡有角者无上齿⑦，果实繁者木必庳⑧，用智褊者无遂⑨功，天之数也。故天子不处⑩全，不处极，不处盈。全则必缺，极则必反，盈则必亏。先王知物之不可两大⑪，故择务，当⑫而处之。

孔、墨、宁越⑬，皆布衣之士也，虑于天下，以为无若先王之术者，故日夜学之。有便于学者，无不为也；有不便于学者，无肯为也。盖闻孔丘、墨翟，昼日讽诵习业，夜亲见文王、周公旦而问焉。用志如此其精也，何事而不达？何为而不成？故曰："精而熟之，鬼将告之⑭。"非鬼告之也，精而熟之也。今有宝剑良马于此，玩之不厌，视之无倦；宝行良道⑮，一而弗复⑯。欲身之安也，名之章⑰也，不亦难乎！

宁越，中牟之鄙人也。苦耕稼之劳，谓其友曰："何为而可以免此苦也？"其友曰："莫如学。学三十岁则可以达矣。"宁越曰："请以十五岁。人将休，吾将不敢休；人将卧，吾将不敢卧。"十五岁而周威公⑱师之。矢之速也，而不过二里，止也；步之迟也，而百舍⑲，不止也。今以宁越之材而久不止，其为诸侯师，岂不宜哉？

养由基、尹儒⑳，皆文艺㉑之人也。荆廷尝有神白猿，荆之善射者莫之能中，荆王请养由基射之。养由基矫㉒弓操矢而往，未之射而括中之矣㉓，发之则猿应矢而下，则养由基有先中中之者㉔矣。尹儒学御，三年而不得焉，苦痛之，夜梦受秋驾㉕于其师。明日往朝其师，望而谓之曰㉖："吾非爱道㉗也，恐子之未可与也。今日将教子以秋驾。"尹儒反走，北面再拜曰："今昔㉘臣梦受之。"先为其师言所梦，所梦固秋驾已㉙。上二士者，可谓能学矣，可谓无害之矣，此其所以观㉚后世已。

【注释】

① 务：事。
② 及：赶上，追上。
③ 顾：回头看。獐性情多疑善顾。
④ 任：负担。
⑤ 为之任：成为他的负担。
⑥ 刑：通"形"，成。
⑦ 凡有角者无上齿：指牛、羊等长角的动物。
⑧ 庳（bì）：低矮。果实繁多，树枝必然被坠下垂。
⑨ 用智褊（biǎn）者：指思想褊狭的人。褊，狭窄。遂：成。
⑩ 处（chǔ）：做。
⑪ 两大：两方面同时发展壮大。

⑫ 当（dàng）：适宜。

⑬ 宁越：战国时期赵国人，曾为周威王的老师。

⑭ 精而熟之，鬼将告之：当时的谚语。

⑮ 宝行：可宝贵的行为。良道：善道，好的学说。

⑯ 一：做一次。复：再次。

⑰ 章：显扬。

⑱ 周威公：战国时期西周国君。

⑲ 舍：古代度量单位，一舍为三十里。

⑳ 养由基：春秋时期楚国人，善射。尹儒：人名，善御。

㉑ 文艺：文，善。艺，技艺。

㉒ 矫：举。

㉓ 未之射而括中之矣：指箭还没射出去，就知道必定能射中白猿了。

㉔ 有先中中之者：意思是，具有在射中目标之前就从精神上将它射中的技艺，极言其用心精深，技艺纯熟。

㉕ 秋驾：一种驾驭马车的高超技术。

㉖ 望而谓之曰：省略主语"其师"。

㉗ 道：技艺。

㉘ 昔：通"夕"。

㉙ 已：同"矣"。

㉚ 观：显示。

【译文】

第五：

先王面临大事时，就会去除那些妨害大事的因素，所以他想要的最终一定能得到。所憎恶的一定能除掉，这是功成名就的原因。平庸的君主与此相反，面临大事时不能消除那些妨害大事的因素，这是他们不能成功的原因。能不能消除妨害大事的因素，是判断贤和不肖的标准。

如果獐飞快地奔逃，马是追不上的。但是獐最后被骑马的猎人捕到，是因为它总是回头看。骥日行千里，是因为载重轻；换成重载，一天走不了几里路，这是负担过重的缘故。贤能的人做事情，没有听说不成功的，但是有些之所以名声不显赫、福泽不能传及后世，是因为愚昧不肖的人拖累了他们。

冬夏两季不能同时存在，野草与庄稼不能同时长大，新粮成熟了，陈粮必然亏缺，凡是长角的动物都没有上齿，果实累累的树木必定低矮，思想褊狭的人做事不会成功，这是自然的法则。因此，天子做事情，不做得很完美，不做得很极端，不做得很圆满。完美就会出现亏缺，极端就会走向反面，圆满就会出现亏失。先王知道事物不会在两方面上同时发展壮大，所以会加以选择，只做适合的事情。

孔丘、墨翟、宁越，都是出身布衣的读书人。他们考虑天下的所有事情，认为没有比先王道术更重要的，因此日夜学习。对学习有用的，他们没有不做的；对学习没有用的，他们都不去做。据说，孔丘、墨翟白天背诵经典，钻研学习；夜里在梦中见到周文王与周公旦，向他们请教。他们如此用功，还有什么事情做不到，还有什么事情成功不了？所以说："精心习熟，鬼将告知。"这不是真的有鬼神相告，而是精心习熟的结果呀！如果有宝剑良马，人们一定会把玩而不知满足，观赏而不知疲倦。但他们对于嘉言懿行，就浅尝辄止。这样就想让自身平安，名声显扬，不是太难了吗。

宁越是中牟的农民，苦于耕作辛劳，问友人："怎样做才能免除这种劳苦呢？"他的友人回答："做什么也抵不上学习，学个三十年就可以显达了。"宁越说："让我用十五年来实现。别人休息，我不休息；别人睡觉，我不睡觉。"宁越按此学习了十五年，周威公拜他做了老师。箭的速度很快，但射程不过二里，因为飞一段就停下来了。步行很慢，却可以走到几百里外的目的地，这是因为脚步不停。宁越凭借着才干，又长久地努力，他成为诸侯的老师，难道不应该吗？

养由基和尹儒都是技艺超群的人。曾经楚国有一只白色神猿，楚国擅长射箭的人没有一个能射中它，楚王请了养由基来射杀它。养由基拿着弓箭去了。还没有开弓，就锁定了白猿，箭一射出去，白猿就应声而坠了。这样看来，养由基有在射箭之前就能锁定目标的技艺。尹儒学驾车，学了三年仍然未得传授，很是苦恼。夜里梦见从老师那里学到了秋驾的技艺。第二天去拜见老师，老师望着他对他说："我从前并不是吝啬技艺舍不得教你，而是怕你还不能接受。今天我就将秋驾的方法教授给你。"尹儒转身后退几步，向老师再拜说："我昨晚在梦中已经学过这种技艺了。"他向老师叙述梦中所学，正是秋驾的技艺。上面说的这两位士人，算是能学的了，他们心无旁骛没有什么能影响得了，这也是他们扬名后世的原因！

周公像
选自《历代帝王圣贤名臣大儒遗像》（清）佚名 收藏于法国国家图书馆

周公，姬姓，周氏，名旦，因其采邑在周，爵为上公，故称周公。周公很孝顺、仁爱，曾辅佐武王伐纣，被封在鲁国。但周公没有去封地，而继续留在王都辅佐武王，为西周建立礼乐制度，以巩固周王室的统治。孔子毕生推崇的周礼即源自周公。

似顺论

似　顺

一曰：

事多似倒而顺①，多似顺而倒。有知顺之为倒、倒之为顺者，则可与言化②矣。至③长反短，至④短反长，天之道也。

荆庄王欲伐陈，使人视之。使者曰："陈不可伐也。"庄王曰："何故？"对曰："城郭⑤高，沟洫⑥深，蓄积多也。"宁国⑦曰："陈可伐也。夫陈，小国也，而蓄积多，赋敛重也，则民怨上矣。城郭高，沟洫深，则民力罢矣。兴兵伐之，陈可取也。"庄王听之，遂取陈焉。

田成子⑧之所以得有国至今者，有兄曰完子，仁且有勇。越人兴师诛⑨田成子，曰："奚故杀君⑩而取国？"田成子患之。完子请率士大夫以逆越师，请必战，战请必败，败请必死。田成子曰："夫必与越战可也，战必败，败必死，寡人疑焉。"完子曰："君之有国也，百姓怨上，贤良又有死之臣蒙耻。以完观之也，国已惧⑪矣。今越人起师，臣与之战，战而败，贤良尽死，不死者不敢入于国。君与诸孤⑫处于国，以臣观之，国必安矣。"完子行，田成子泣而遣之。夫死败，人之所恶也，而反以为安，岂一道⑬哉？故人主之听者与士之学者，不可不博。

尹铎为晋阳⑭，下⑮，有请于赵简子。简子曰："往而夷夫垒⑯。我将往，往而见垒，是见中行寅与范吉射也。"铎往而增之。简子上之晋阳,望见垒而怒曰:"嘻!铎也欺我!"于是乃舍⑰于郊,将使人诛铎也。孙明⑱进谏曰:"以臣私之,铎可赏也。铎之言固曰:见乐则淫侈,见忧则诤⑲治,此人之道也。今君见垒念忧患,而况群臣与民乎?夫便国而利于主,虽兼⑳于罪,铎为之。夫顺令以取容㉑者,众能之,而况铎欤?君其图之!"简子曰:"微子之言,寡人几过。"于是乃以免难之赏㉒赏尹铎。人主太上喜怒必循理,其次不循理,必数更,虽未至大贤,犹足以盖浊世矣。简子当此。世主之患,耻不知而矜㉓自用,好餙㉔过而恶听谏,以至于危。耻无大乎危者。

【注释】

① 倒:指违背事理。顺:指合于事理。
② 化:事物发展变化的趋势。
③ 至:夏至。
④ 至:冬至。
⑤ 城郭:指城墙。郭,外城。
⑥ 沟洫:指护城河。
⑦ 宁国:楚国大臣。
⑧ 田成子:春秋末期齐国大夫,名田恒(陈恒),谥成子。
⑨ 诛:讨伐。
⑩ 君:指齐简公,被田成子所杀。
⑪ 惧:忧惧。
⑫ 孤:指战死士兵的后代。
⑬ 道:道理,方法。
⑭ 尹铎:赵简子家臣。为:治。晋阳:赵简子的封地,在今山西省太原市。
⑮ 下:指由晋阳来到晋国国都新绛(今山西省曲沃县)。
⑯ 夷:平。垒:军营的墙壁。
⑰ 舍:驻扎。

⑱　孙明：赵简子家臣。
⑲　诤：竞相。
⑳　兼：加倍。
㉑　取容：取悦于人。
㉒　免难之赏：使君主免于患难的重赏。
㉓　矜：骄傲自负。
㉔　愎：执拗，固执。

【译文】

第一：

很多看似悖理的事情其实是合理的，很多看似合理的事情其实是悖理的。如果有人知道表面合理其实悖理与表面悖理其实合理的道理，那么就可以跟他谈论事物发展的变化了。夏至日时，昼到了最长时就要变短；冬至日时，昼到了最短时就要变长，这是自然的规律。

楚庄王想要攻打陈国，便派人去侦察。派去的人回来说："陈国不能攻打。"楚庄王说："为什么？"他回答说："陈国的城墙很高，护城河很深，蓄粮很多。"宁国说："据此看来，陈国是可以攻打的。陈国是小国，蓄粮却很多，说明赋税繁重，那么百姓就会怨恨君主。城墙高，护城河深，那么民力就不足。起兵攻打，陈国是可以取得的。"楚庄王采纳了宁国的意见，于是攻取了陈国。

田成子之所以能够拥有齐国到今天，是因为有一个仁爱勇敢的哥哥完子。越国起兵讨伐田成子，问："你为什么要杀死自己的国君而夺取他的国家？"田成子很忧虑。完子请求率士大夫迎战越军，并且准许自己同越军交战，交战还一定要战败，战败还一定要战死。田成子说："您同越国交战可以，但为什么要战败，战败还要战死，这我就有点不理解了。"完子回答："你现在占有齐国，百姓怨恨你，贤能之臣中又有不惧死的人认为蒙受了耻辱。在我看来，国家现在已经让人忧惧了。现在越国起兵讨伐我们，我率士大夫去同他们交战，如果战败，随我而去的贤人会全部死去，没死的人也不敢再回到齐国来。你与他们的遗孤居住在齐国，在我看来，齐国必定会安定。"完子率士大夫出发，田成子哭着送别。死亡和战败,是人们所厌恶的,但完子却以此来使齐国安定。做事情哪里只有一种方法呢!因此,君主采纳意见与士人学习道术时,不可以不广博。

尹铎治理晋阳,下行到新绛向简子请教。简子说:"你回去把那些营垒拆平,我如果到晋阳,看到营垒,就像看见中行寅和范吉射似的。"尹铎回去后,反而将营垒增高。简子上行到晋阳,看见营垒,生气地说:"哼!尹铎欺骗了我!"于是在郊外住下,并要派人去诛杀尹铎。孙明进谏:"我私下看来,尹铎应该奖赏。尹铎的本意是看见享乐的事情就会恣意放纵,遇到忧患的事情就会励精图治,这是人之常理。现在君主见到营垒就想到了忧患,更何况群臣和百姓呢!有利于国家和君主的事,即使加倍获罪,尹铎也愿意去做。顺从并且取悦君主,平常人也能做到,更何况是尹铎呢!您自己考虑吧。"简子说:"如果没有你说的这一番话,我可能就要犯错误了。"于是,赵简子以使国君免于危难的功劳奖赏了尹铎。德行好的君主,喜怒一定因理而为;差一点的,虽然有时候不讲理,但一定经常改正。这样的君主虽然没有达到大贤的境界,但已经超过乱世的君主了。简子就是这类人。当今君主的弊病在于,将无知当作羞耻,将自行其是当作荣耀,喜欢坚持错误而厌恶听取规谏,以至于陷入危险的境地。耻辱当中没有比使自己陷入危险再大的了。

士容论

士 容

一曰：

士不偏不党①。柔而坚②，虚而实③。其状朗然不儇④，若失其一⑤。傲小物⑥而志属于大，似无勇而未可恐猲⑦，执固横⑧敢而不可辱害。临患涉难而处义不越⑨，南面称寡而不以侈大⑩。今日君民而欲服海外⑪，节物⑫甚高而细利弗赖。耳目遗俗而可与⑬定世，富贵弗就而贫贱弗嗛⑭。德行尊理而羞用巧卫⑮，宽裕不訾而中心甚厉⑯，难动以物而必不妄折⑰。此国士之容⑱也。

齐有善相狗者，其邻假以买取鼠之狗。期年乃得之，曰："是良狗也。"其邻畜之数年而不取鼠，以告相者。相者曰："此良狗也。其志在獐麋豕鹿，不在鼠。欲其取鼠也则桎之。"其邻桎其后足，狗乃取鼠。夫骥骜⑲之气，鸿鹄⑳之志，有谕乎人心者，诚㉑也。人亦然，诚有之则神应乎人矣，言岂足以谕之哉？此谓不言之言也。

客有见田骈㉒者，被服中法，进退中度，趋翔闲雅，辞令逊敏㉓。田骈听之毕而辞之。客出，田骈送之以目。弟子谓田骈曰："客士欤？"田骈曰："殆乎非士也。今者客所弇敛㉔，士所术施㉕也；士所弇敛，客所术施也。客殆乎非士也。"故火烛一隅，则室偏无光。骨节蚤㉖成，空窍哭历，身必不长。众无谋方㉗，乞谨视见，多故不良。志必不公，不能立功。好得恶予㉘,国虽大不为王,祸灾日至。故君子之容,纯乎其若钟山㉙之玉,桔㉚乎其若陵上之木;淳淳㉛乎慎谨畏化,而不肯自足㉜;乾乾乎取舍不儇㉝,而心甚素朴㉞。

唐尚敌年㉟为史,其故人谓唐尚愿之,以谓唐尚。唐尚曰:"吾非不得为史也,羞而不为也。"其故人不信也。及魏围邯郸,唐尚说惠王而解之围,以与伯阳,其故人乃信其羞为史也。居有间,其故人为其兄请,唐尚曰:"卫君死,吾将汝兄以代之。"其故人反兴再拜而信之。夫可信而不信,不可信而信,此愚者之患也。知人情不能自遗,以此为君,虽有天下何益?故败莫大于愚。愚之患,在必自用。自用则懿㊱陋之人从而贺之。有国若此,不若无有。古之与贤从此生矣。非恶其子孙也,非徼而矜㊲其名也,反其实也。

【注释】

① 党:结党。
② 坚:刚强。
③ 实:充实。
④ 儇(xuān):乖巧。
⑤ 若失其一:形容精神专注。
⑥ 小物:琐事。
⑦ 恐猲:恐吓。
⑧ 执固:意志坚定。横:无所顾忌。
⑨ 越:失坠。
⑩ 侈大:骄恣,自大。
⑪ 海外:古人认为中国四面环海,海外还有九州。
⑫ 节物:指士人的作为。
⑬ 遗俗:超脱世俗,摒弃世俗的看法。与:以。
⑭ 就:追求。揭(qiè):舍弃。

⑮ 卫：通"譿"，诈伪。
⑯ 宽裕：指心胸开阔。厉：飞扬，指高远。
⑰ 物：指外物之利。妄：胡乱。折：屈节。
⑱ 国士：国中杰出的士人。容：指仪容节操的标准。
⑲ 骜：良马名。
⑳ 鸿鹄：即天鹅。
㉑ 诚：真诚。
㉒ 田骈：战国时期道家人物。
㉓ 逊敏：恭顺敏捷。
㉔ 弇（yǎn）敛：掩藏，这里指弃置不作为。
㉕ 术施：申说施行。
㉖ 蚤：通"早"。
㉗ 众：指平常人。方：道。
㉘ 得：指获取财物。予：指赠予财物给人。
㉙ 钟山：昆仑山别名。
㉚ 桔：挺直。
㉛ 淳淳：朴实敦厚的样子。
㉜ 自足：自满。
㉝ 乾乾：自强不息的样子。佗（tuō）：简易，轻忽。
㉞ 素朴：朴实无华。
㉟ 唐尚：战国时期人。敌年：年龄相当。
㊱ 戆：刚直且愚。
㊲ 矜：夸耀。

【译文】

第一：

士人不偏私不结党。柔弱但刚强，清虚但充实。他们仪表堂堂，但不刁滑乖巧，精神很专注。他们藐视琐事，专注于远大目标；看似没有勇气，但不害怕恐吓威胁，坚定勇敢不愿意受辱。他们即使遭遇苦难，也能够守义不失节；

即使南面称王，也不恃才傲慢。他们如果君临天下，就会想要收服海外，做事高瞻远瞩，一点儿也不热衷小利。他们虽然超尘绝俗，但却能够使社会安定；他们不追求富贵，也不嫌弃贫贱。他们德行尊重理义，耻于奸邪伪诈，他们胸怀宽广又志向高远，很难用身外之物来让他们放下操行。这些就是国士的仪表风范。

齐国有个擅长相狗的人，邻居拜托他帮其买一条捕鼠的狗。他花了一整年时间才买到，对邻居说："这是一条出色的狗！"但他的邻居喂养了好几年，也不见狗去抓捕老鼠，就把情况告诉了他。相狗的人说："这是一条出色的狗，它的志向是猎捕獐麋猪鹿，而不是捕鼠。你想要让它捕鼠，就要用绳子将它拴住。"邻居按照他的建议绑住了这条狗的后腿，狗果然捕鼠。骥骜的气质，鸿鹄的志向，能够让人知晓，是因为它们确实有这样的气质与志向。人也是这样，如果真的具备了，精神面貌就能使人感知，言语哪能完全使人知晓呢？这就是不言之言！

有个客人来拜见田骈，服饰合乎法式，进退合乎礼仪，举止文雅，言辞恭顺敏捷。田骈听他说完后，与他告辞。他离去的时候，田骈一直看着他。弟子问田骈："来客是士人吗？"田骈说："恐怕不是吧！刚才来客所掩藏收敛的地方，正是士人申说施行的地方。而士人掩藏收敛的地方，也正是他申说施行的地方，恐怕来客不是个士人呀！"因此，灯火只照一个角落，就会有半间房屋没光。骨骼过早地发育长成，质地就会疏松不紧实，人也一定也不会高大。一般人不谋求道义，只是追求外表，这样就会巧诈虚伪。心不正，就不能建立功名。好聚敛但不愿施舍的国君，拥有的国家再大也不能一统天下，灾祸还会天天发生。因此，君子的仪容风度，美好得像昆仑山的玉石一样，挺拔得像高山上的大树一样。他们朴实无华，言行恭谨，敬畏法令，而又不会骄傲自满。他们自强不息，取舍有道，心地非常淳朴。

与唐尚同龄的人做了史官，他的老友认为他也希望做史官，就将这个消息告诉了他。唐尚说："我不是没有做史官的机会，只是耻于去做罢了。"他的老友不相信。后来魏国围困邯郸，唐尚通过劝说魏惠王，解了邯郸的危机。因此，赵国将伯阳邑封给了唐尚。唐尚的老友这才相信唐尚是真的耻于做史官。过了一段时间以后，这个老友来找唐尚为自己的哥哥请求官职。唐尚说："等卫国君主死后，我让你哥哥来代替他。"他的老友起身离席，再拜而退，竟然真的相信了。这人对可信的不信，对不可信的反倒相信，这是蠢人的弊病。知道贪求私利是人之常情，自己却不能去掉这种欲望，靠这个做君主，即使拥有天下，又有什么好处呢？所以，没有比愚蠢更坏的事情了。愚蠢的弊病，在于刚愎自用。刚愎自用，憨厚无知的人都会跑来祝贺他。这样的人拥有国家，还不如没有。古代贤人之间的让位就是由此产生的。让位的人不是憎恶自己的子孙，也不是追求和夸耀让贤的名声，而是基于实际情况做出的决定。

《七贤图》卷（局部）（宋末元初）钱选　收藏于台北故宫博物院

三国魏正始年间（240—249）的嵇康、阮籍、山涛、向秀、刘伶、王戎及阮咸七人经常在山阳县（今河南省修武县）的竹林里放歌纵酒，弹琴弄文，自由肆意，好不酣畅，被后人称为「竹林七贤」。「竹林七贤」虽然与先秦时期所提倡的高士有所区别，但他们魏晋名士放荡不羁的风流，深受后人追捧。